Hans Erhard Lauer Vom Sinn der christlichen Jahresfeste

Hans Erhard Lauer

Vom Sinn der christlichen Jahresfeste

Anregungen zu ihrer Gestaltung aus anthroposophischer Sicht

Novalis Verlag

Novalis Verlag AG
CH-8200 Schaffhausen

ISBN 3-7214-0560-9

Inhalt

Vorbemerkung

Nachstehende Ausführungen gehen auf Vorträge zurück, die im Rahmen von Feiern der christlichen Jahresfeste innerhalb von Mitgliederkreisen der Anthroposophischen Gesellschaft gehalten wurden. Sie basieren auf der von Rudolf Steiner begründeten neuen Christuserkenntnis und speziell auf den zahlreichen Vorträgen, in denen er Anregungen und Beiträge zu einem dieser Erkenntnis entsprechenden neuartigen Feiern dieser Feste gegeben hat. Sie versuchen, im Sinne dieser Anregungen aus der Situation unseres zu Ende gehenden Jahrhunderts Gedanken zu entwickeln, die für die Gestaltung solcher Feiern hilfreich sein können.

Basel, Herbst 1977 Hans Erhard Lauer

Michaeli

Ende September versammeln wir uns zur Feier des Michaeli-Festes. Stellen wir uns aus diesem Anlaß das Bild des Erzengels vor die Seele, dem dieses Fest geweiht ist, so können wir hierbei nicht das Schwert übersehen, das er schwingt, sowie den Drachen, gegen den diese Waffe gerichtet ist – das heißt: wir nehmen den *Kampf* wahr, in dem er sich befindet. Daraus müssen sich für uns zwei Fragen ergeben. Erstens diese: Was hat dieser Kampf mit der *Jahreszeit* zu tun, in der sein Fest stattfindet? Zum Zweiten: Welche Beziehung besteht zwischen diesem Fest, das heißt der Feier dieses Kampfes und der Zeit, in der wir als *Menschen* heute leben? Oder anders gesagt: Welche Art der Feier dieses Festes fordert die *Gegenwart* von uns, damit sie im Einklang mit dieser stehe? Diese Gegenwart kennzeichnet sich ja dadurch, daß die Menschheit in die tiefste Krise versunken ist, die es in ihrer bisherigen Geschichte jemals gegeben hat, in eine Krise, die so tief ist, daß sie – nach der Meinung einer ständig wachsenden Zahl von Menschen – die Menschheit mit der Gefahr ihres Unterganges durch ihre Selbstvernichtung bedroht. Wir sehen darum, daß innerhalb unserer Zeitgenossenschaft die Angst, die Furcht vor dem, was uns für die Zukunft bevorsteht, sich immer weiter ausbreitet. Wenn ich im folgenden versuche, die zwei bezeichneten Fragen zu beantworten, so muß ich hierfür etwas weiter ausholen.

Wir verstehen das Michaeli-Fest zunächst als eines der vier Feste, die den vier Jahreszeiten zugeordnet sind: des Winter-Weihnachtsfestes, des Frühlings-Osterfestes, des Sommer-Johannifestes und des Herbstes-Michaelifestes. Dabei nehmen wir allerdings einen bedeutsamen Unterschied wahr: Die drei erstgenannten Feste erinnern zugleich an bestimmte Stationen des Christuslebens: an die Geburt, an Tod und Auferstehung, an die Jordantaufe; denn mit dem Johannes, auf den sich das Johannifest bezieht, ist nicht der Evangelist, sondern der Täufer gemeint. Das Michaelifest dagegen erinnert nicht an ein derartiges Ereignis. Es ist ein reines Jahreszeitenfest. Will man es in eine ihm entsprechende Reihe einordnen, so bietet sich darum hierfür nur die Folge der vier Erzengel an, die den vier Jahreszeiten zugeordnet sind: Gabriel, Rafael, Uriel, Michael.

Nun sind allerdings auch die drei anderen Feste keine bloßen Erinnerungsfeste; denn sie finden ja nicht an den Tagen statt, an denen die betreffenden Ereignisse des Christuslebens sich jeweils jähren. Dies gilt in gewissem Grade lediglich für das Osterfest. Denn nach der biblischen Überlieferung, die Rudolf Steiner aus der Geistesforschung bestätigte, fielen Tod und Auferstehung Christi in die Frühjahrszeit. Die Daten der Geburt Christi und der Jordantaufe werden jedoch im Neuen Testament nirgends angegeben. Daher wurde seine Geburt in den ersten drei Jahrhunderten des Christentums noch durch kein Fest gefeiert, und die Feier der Jordantaufe fand damals am 6. Januar als das Fest der Epiphanie statt. Erst später wurde sie in die Hochsommerzeit verlegt, und für die Feier der Christgeburt wurde ein eigenes Fest eingeführt und in die Tiefwinterszeit angesetzt. Dadurch wurden die Erinnerungsfeste zugleich auch Jahreszeitenfeste. Warum geschah dies? Der Grund lag darin, daß zwischen dem Charakter der Jahreszeiten und den Stationen des Christuslebens, die in ihnen gefeiert werden, wesenhafte Beziehungen bestehen. Genauer gesagt: weil durch das Christusereignis als ganzes solche Beziehungen *entstanden* sind. Denn durch dieses Ereignis wurde die göttliche Wesenheit, die bis dahin der Geist der Sonne gewesen war, zum *Geiste der Erde*. Seither lebt und webt sie mit den Rhythmen, in denen sich das Leben der Erde bewegt.

Während des Winters – in derjenigen Erdhälfte, in der er jeweils herrscht – ist der Christus als der Geist der Erde mit ihrem Leibe verbunden. Er wird da in gewissem Sinne immer wieder in ihr geboren und kann vom Menschen in dieser Zeit als im Irdischen anwesend geistig erlebt werden. Darum wird die Weihnachtszeit, in der wir seine Erdengeburt erinnernd feiern, von dem bekannten Weihnachtslied als die „fröhliche, gnadenbringende" besungen.

Im Frühling verläßt der Christus die Erde, er stirbt in gewisser Weise für sie und aufersteht von diesem Tode im Geistigen des Kosmos. Darum kann in dieser Zeit sein Erdentod und seine Auferstehung gefeiert werden.

Im Sommer west er im äußeren Umkreis des Geistkosmos – in derjenigen Sphäre, die das Ich des Menschen in der Weltenmitternachtsstunde seines Daseins, das heißt in der Mitte seines Lebens zwischen Tod und neuer Geburt durchschreitet. Eine Empfindung hiervon hat einen schönen Ausdruck gefunden im Text (von Almers) des bekannten Liedes „Feldeinsamkeit" von Johannes Brahms. Er lautet:

Ich ruhe still im hohen grünen Gras
Und sende lange meinen Blick nach oben,
Von Grillen rings umschwirrt ohn' Unterlaß,
Von Himmelsbläue wundersam umwoben.
Die schönen weißen Wolken ziehn dahin
Durchs tiefe Blau wie schöne stille Träume,
Mir ist, als ob ich längst gestorben bin
Und ziehe selig mit durch ew'ge Räume.

In dieser Zeit kann die Erinnerung an die Jordantaufe gefeiert werden. Denn in Verbindung mit dieser hat sich in den aus dem geöffneten Himmel erklingenden Worten Gott-Vaters „Dieser ist mein vielgeliebter Sohn" und in der herabschwebenden Taube des Heiligen Geistes die himmlisch-göttliche Wesenheit des Christus in einmaliger Art geoffenbart.
Im Herbste nähert sich der Christus wiederum der Erde. Dafür muß ihm aber erst freie Bahn geschaffen werden. Denn während des Sommers, das heißt während seiner Abwesenheit von der Erde hat sich die Kraft der ahrimanischen Wesen in ihr verstärkt. Diese müssen deshalb jetzt in ihre Schranken gewiesen werden. Dies geschieht in der Weise, daß Michael, der als der Erzengel der Sonne am innigsten mit dem Christus verbunden, gewissermaßen sein Herold ist, der ihm voranschreitet, den ahrimanischen Drachen mit dem kosmischen Schwerte besiegt, dessen Eisen gebildet wird durch die Meteore, deren Schwärme im Spätsommer vom Himmel herabstürzen. „Während die Sommerausatmung geschah" – so schildert es Rudolf Steiner in den Vorträgen über den Jahreskreislauf –, „ist die Erde ahrima-

nisiert. Wehe, wenn in diese ahrimanisierte Erde die Geburt Jesu hineinfiele! Bevor wiederum der Jahreskreislauf vollendet ist und der Dezember herankommt, der den Christusimpuls in der durchseelten Erde geboren werden läßt, muß die Erde durch geistige Kräfte gereinigt werden von dem Drachen, von den ahrimanischen Mächten. Und vereinigen muß sich mit dem, was hineinflutet als Erdenatmung von der Septemberzeit an bis in den Dezember, die reinigende, die das böse Ahrimanische besiegende Michaelkraft, damit in der richtigen Weise das Weihnachtsfest herankommen und die Geburt des Christusimpulses sich vollziehen kann."

Durch diese Hinweise beantwortet sich die erste der beiden bezeichneten Fragen: was der Kampf Michaels mit dem Charakter der Herbsteszeit zu tun habe.

Wenden wir uns nun der zweiten Frage zu, so ist für ihre Beantwortung zunächst darauf hinzuweisen, daß die Menschheit für die Erde dasselbe bedeutet wie für den einzelnen Menschen sein Ich. Das Mineralreich repräsentiert in gewisser Weise den physischen Leib der Erde, das Pflanzenreich ihren Ätherleib, das Tierreich ihren Astralleib und das Menschenreich ihr Ich. Indem der Christus durch das Mysterium von Golgatha zum Geiste der Erde wurde, wurde er darum zugleich zum *Geiste der Menschheit,* als welcher er nun für alle Zukunft bis „an der Welt Ende" mit ihr verbunden bleibt. Die Menschheit als das Erden-Ich wurde dadurch von der kosmischen Ichwesenheit durchdrungen. Und damit lebt der Christus auch in den Rhythmen, in denen sich das *Leben der Menschheit* bewegt. Diese Rhythmen sind allerdings von anderer Art als diejenigen der Erde, insofern diese die Gesamtheit der Naturreiche darstellt. Sie sind *keine*

Naturrhythmen, sondern *geschichtliche Rhythmen.* Das heißt: sie wiederholen sich nicht stets in gleicher Weise wie jene, sondern in immer wieder anderer Art. Denn was die Geschichte zur Geschichte macht, ist der Prozeß der Entwicklung, der Wandlung, der sich in ihr vollzieht. Gemäß den Rhythmen, in denen dieser Prozeß verläuft, können wir darum auch in bezug auf das Leben der Menschheit von *sich wiederholenden Christusereignissen* sprechen. Rudolf Steiner zählt im Ganzen deren sieben auf. Aber jedes vollzieht sich auf anderer Ebene, in einer anderen Sphäre. Das erste fand gegen Ende der lemurischen Zeit statt in der Sphäre des Geistigen. Das zweite erfolgte in der ersten Hälfte der Atlantis in der Sphäre des Astralischen, das dritte gegen Ende der Atlantis im Bereich des Ätherischen und das vierte, das in ihrer Mitte steht, im Beginn unserer Zeitrechnung im Physisch-Leiblichen. Ihm folgt in unserer Zeit das fünfte, wiederum in der ätherischen Welt – ein sechstes wird dereinst in der astralischen und schließlich ein siebentes in der Welt des Geistigen stattfinden.
Blicken wir auf das *vierte, mittlere* dieser Christusereignisse zurück! Ihm ging eine lange Vorbereitung voraus, die etwa um das Jahr 2000 vor Christus einsetzte – um nur das wichtigste der hierfür in Frage kommenden Ereignisse zu nennen: mit der Begründung des israelitischen Volkes durch seinen Stammvater Abraham. Denn dieses Volk wurde dazu auserwählt, den physischen Leib zu erbilden, in dem sich der Christus diesmal verkörpern sollte. Neben seinem Volksgeiste Jahve wurde Michael gewissermaßen zu seinem Schutzengel und war an allem mitbeteiligt, was in der Geschichte dieses Volkes an Vorbereitung für das Kommen des

Messias geleistet wurde. Eine weitere Vorbereitung kam hinzu in der Zeit vom 6. bis zum 3. vorchristlichen Jahrhundert, wo in der Reihe der sieben Erzengel Michael die Regentschaft über die Menschheitsgeschichte ausübte. Bald danach erfolgte die Inkarnation Christi im Leibe des Jesus von Nazareth. Sie endete mit dem, was sich den Aposteln im Bilde der „Himmelfahrt" Christi darstellte.

In unserer Zeit vollzieht sich nun die *Wiederkunft Christi im ätherischen Leibe.* Auch sie wurde seit langem vorbereitet – im wesentlichen seit dem 9. Jahrhundert. Es war die Zeit, in welcher – nach der Darstellung Rudolf Steiners – die Ereignisse stattfanden, die ihre sinnbildliche Widerspiegelung in der *Gralssage* gefunden haben. Diese erzählt ja, daß der Abendmahlskelch, in dem das Blut aufgefangen wurde, das aus den Wunden des Gekreuzigten floß, von Engeln in den Himmel hinaufgetragen worden sei. Im 9. Jahrhundert brachten sie ihn wieder auf die Erde herab und übergaben ihn Titurel. Dieser errichtete die Gralsburg, in der dieser heiligste Schatz der Menschheit fortan aufbewahrt werden sollte, und gründete die Gralsritterschaft, die ihn zu behüten hatte. Das Blut Christi verbildlicht sein *Leben* beziehungsweise den lebendigen, geistig gegenwärtigen Christus, mit dem die Gralsgemeinschaft verbunden bleiben sollte – im Gegensatz zu der bloßen Überlieferung über das vierte, physische Christusereignis, auf die sich die Kirche gründete. So wurde durch die Gralsströmung gegenüber diesem exoterischen Christentum ein esoterisches gepflegt, das den lebendigen Christus zu seinem Gegenstand hatte. Von der Kirche wurde im 9. Jahrhundert immerhin das *Michaelifest* eingeführt und

auf den *29. September der Herbsteszeit* festgesetzt. Wir dürfen wohl annehmen, daß auch darin, in anderer Art, das neubeginnende Wirken Michaels für die Vorbereitung des kommenden Christusereignisses zum Ausdruck kam.
Was nun die Herbsteszeit im Jahreskreislauf betrifft, so kennzeichnet sie sich äußerlich durch ein zweifaches: einerseits durch das Reifwerden der pflanzlichen Früchte, die nun geerntet werden können, andererseits durch das Ersterben des pflanzlichen Lebens, das im Verdorren und Fallen der Blätter, in der zunehmenden Kälte und so weiter sich manifestiert. Das Reifwerden der Früchte ist dem Siege mit zu verdanken, den Michael allherbstlich über die ahrimanischen Todeskräfte der Erde erringt. Und dieser Sieg erlangte im Laufe der nachchristlichen Entwicklung eine ständig wachsende Bedeutung, da ja die Erde als solche seit dem Abschluß der vierten nachatlantischen Epoche ihrem Altern entgegengeht und damit immer stärker von Todeskräften durchdrungen wird. So ist es verständlich, daß das Fest Michaels in den Herbst verlegt und zunächst als Feier des Dankes für das Reifwerden der Früchte, das heißt als Erntedankfest gefeiert wurde. Man ähnelte es dadurch in gewisser Weise den anderen christlichen Jahresfesten an, die ja mit der Erinnerung an Geburt, Tod und Auferstehung Christi immer auch den Dank verbanden, den die Menschheit seiner Erlösungstat schuldet. Es hatte dies aber noch einen anderen Grund. Wie das jährliche Reifen der Früchte des *Naturlebens* dem Wirken Michaels mit zu verdanken ist, so verhilft Michael auch hinsichtlich des *Menschenlebens* dem Reifen der Früchte, welche die Rhythmen desselben mit sich bringen. Da aber das Leben der Menschheit den

Charakter der Geschichte, das heißt einer fortschreitenden Entwicklung trägt, unterliegen auch seine Früchte ihren Wandlungen. Sie sind heute von anderer Art als in früheren Zeiten. Sie sind heute geprägt durch die Industriegesellschaft, in der die moderne Menschheit lebt. Noch im Mittelalter gab es diese nicht. Die menschliche Kultur war damals noch eine Agrarkultur – die Gesellschaft im wesentlichen noch eine bäuerliche. Und so war das Michaelifest noch vorwiegend ein solches der Bauernbevölkerung. Aus demselben Grund spielte sich auch der Kampf zwischen Michael und dem Drachen, was seine Auswirkungen unmittelbar für die Sphäre des *Menschlichen* betrifft, damals noch nicht im Elemente des wissenschaftlichen oder des technischen Lebens ab, sondern in dem des *religiösen* Lebens. Wodurch wurde er damals herausgefordert? Durch die Tatsache, daß, ebenfalls im 9. Jahrhundert, auf dem Konzil von 869 die Kirche die Gliederung des Menschen in Leib, Seele und Geist zur Häresie erklärte und die Lehre vom bloß leiblich-seelischen Wesen des Menschen zum Glaubensdogma erhob. Rudolf Steiner hat dies oftmals als die *Abschaffung des Geistes* bezeichnet und darauf hingewiesen, daß sie in neuerer Zeit die „Abschaffung der Seele" zur Folge hatte durch die im 19. Jahrhundert entstandene „Psychologie ohne Seele". An dieser Entgeistigung des Menschen waren zweifellos die ahrimanischen Mächte mit beteiligt, und so führte Michael den Kampf gegen diese in der Begründung der Gralsströmung. Die Kampfsituation, in der diese drinnenstand, kommt in der Gralssage ja auch deutlich zum Ausdruck in der Auseinandersetzung der Gralsritter Parzival und Gawan mit dem schwarzmagischen Wirken des Zauberers Klingsor, von der sie berichtet.

Eine nächste Phase der Vorbereitung des kommenden fünften Christusereignisses bildete sodann die Begründung und Führung der übersinnlichen Lehrschule durch Michael in der Zeit vom 16. bis in den Beginn des 19. Jahrhunderts. In dieser Schule sammelte er die Menschenseelen, die fähig und willens waren, als seine Helfer und Mitkämpfer in ihrer nächsten Inkarnation auf Erden zu wirken, und übermittelte ihnen die Erkenntnisse, deren sie hierfür bedurften. Und einen letzten Akt dieser Vorbereitung bedeutete schließlich der Kampf mit den Geistern der Finsternis, den er in der Zeit von 1841 bis 1879 führte in der unmittelbar an die physische Welt angrenzenden Sphäre der Geistwelt. Wie er dereinst in Urzeiten in dem Kampf im Himmel die luziferischen Geister des Lichtes besiegt und in die Tiefe gestürzt hatte, so endete sein Kampf mit den ahrimanischen Geistern der Finsternis damit, daß diese besiegt und in die Tiefe, das heißt in die physisch-materielle Welt gestürzt wurden. Und unmittelbar danach übernahm Michael im Jahre 1879, und bezeichnenderweise im *Herbste* desselben, für eine Zeit von drei- bis vierhundert Jahren – für ein neues Michaelzeitalter – wiederum die geistige Führung der Menschheit.

Hierbei handelte es sich für ihn in erster Linie darum, die Früchte zur vollen Ausreifung zu bringen, die als solche der Menschheitsgeschichte sich inzwischen entwickelt hatten. Die hauptsächlichste derselben, die alle anderen an Bedeutung übertrifft, ist der *Intellekt*. In alten Zeiten hatte die Menschheit vornehmlich in den Kräften der Gliedmaßen, des Stoffwechsels, des Blutes, der Vererbung gelebt. In mittleren Zeiten in denjenigen der Brust, des Herzens, der Atmungs- und Sprachorgane. Der moderne Mensch ist zum *Kopfmenschen* geworden. Sein Intellekt ist es, durch den er sich am allermeisten von den Menschen aller früheren Zeiten unterscheidet. Ihm verdankt er alle die Errungenschaften, die er in den letzten Jahrhunderten gemacht hat: vorab die Wissenschaft, die in dieser Zeit entstand, sodann die Technik, schließlich die industrielle Wirtschaft. Da aber dieser Intellekt sich in der Zeit entwickelt hat, in der Christus seit seiner „Himmelfahrt" in einer analogen Art von der Erde abwesend war, wie er es alljährlich während der Sommerzeit ist, wurde er ganz von *ahrimanischen* Kräften durchsetzt. Dadurch gestaltete sich die Wissenschaft zur bloßen und zwar gänzlich materialistischen Naturwissenschaft, für welche Gott gestorben ist und die Materie die einzige Wirklichkeit darstellt. Hinsichtlich des Menschen hat sie nicht nur den Geist, sondern, wie erwähnt, auch die Seele abgeschafft und erblickt in ihm ein bloß leibliches Wesen. Diesen Intellekt, wenn er nicht gänzlich dem Tode verfallen sollte, galt es zu verwandeln, zum Leben aufzuerwecken, zu spiritualisieren. Und so sehen wir denn, wie unmittelbar mit dem Beginn des neuen Michaelzeitalters die *Spiritualisierung des Intellektes* einsetzte: in den philosophisch-erkenntnistheoretischen Schriften, die Rudolf Steiner in den achtziger und neunziger Jahren des letzten Jahrhunderts verfaßte.

Als dann die Jahrhundertwende herankam, mit der das Kali Yuga endete und ein neues Zeitalter anbrach, wurde mittels des also spiritualisierten Intellekts eine *neue Erkenntnis des*

Geistes von ihm begründet. Nicht also wurde der korrumpierte Intellekt als eine faule Frucht weggeworfen und eine Rückwendung zum religiösen Glauben vollzogen, sondern durch seine Spiritualisierung wurde sein Erzeugnis, die Naturwissenschaft, um- und fortgebildet zu einer Geisteswissenschaft und damit erstmals eine *wissenschaftliche Erkenntnis der Geistwelt* errungen. Und im Mittelpunkt derselben steht ein *neues Bild des Menschen,* das ihn in seiner Totalität als die *dreigliedrige leiblich-seelisch-geistige Wesenheit* erfaßt. Was ihm seit 869 stückweise genommen worden war, wurde ihm in neuer Weise wiedergegeben.

Damit aber wurde zugleich eine weitere zentrale Erkenntnis erlangt: diejenige der *Reinkarnation.* Denn wie der Leib des Menschen – so lesen wir in Steiners „Theosophie" – dem Gesetze der Vererbung unterliegt, die Seele dem des Schicksals, so unterliegt der Geist des Menschen dem Gesetze der Wiederverkörperung. *Er* ist es, der sich reinkarniert. Erst durch diese Erkenntnis erlangt sein Begriff einen vollen Inhalt. Mit ihr wurde der Vorstellung des ahrimanisierten Intellekts von dem nur einmaligen Leben des Menschen, das mit dem Tod sein definitives Ende findet, die Wahrheit über das Unvergängliche im Menschen entgegengestellt.

Und mit der Erkenntnis der Reinkarnation wurde noch eine weitere zentrale Erkenntnis gewonnen, nämlich die des wahren *Wesens der Geschichte* als des Prozesses der stufenweisen Verwirklichung der menschlichen Wesenheit. Dieser Prozeß könnte nicht zustande kommen, wenn mit jeder Menschengeburt die Entwicklung des Menschlichen von Anfang an durchlaufen werden müßte. Die Menschheit in ihrer Gesamtheit verbliebe dann immer auf demselben Niveau, und es könnte bloß ein äußerlicher Fortschritt der Zivilisation mittels der Tradition stattfinden. Daß eine innere, wesenhafte Entwicklung des Menschseins im Lauf der Geschichte zustande kommt, wird nur dadurch möglich, daß die Errungenschaften früherer Inkarnationen von den menschlichen Individualitäten in spätere mitgebracht und durch neue vermehrt werden. Durch diese Erkenntnis wurde in neuer Bedeutung gewonnen, was durch die Ahrimanisierung des Denkens in unserer Zeit gänzlich verlorengegangen war: ein Verständnis für den *Sinn der Geschichte.* Im ersten Drittel unseres Jahrhunderts schrieb der nicht unbedeutende Philosoph Theodor Lessing – er wurde später von den Nazis ermordet – ein Buch „Geschichte als Sinngebung des Sinnlosen“, in welchem er nachzuweisen versuchte, daß die Geschichte an sich selbst völlig sinnlos sei und daß in ihre Ereignisse immer erst nachträglich ein bestimmter Sinn hineingedeutet werde. Durch diesen Verlust des Verständnisses für ihren Sinn ist in den letzten Jahrzehnten das Interesse an der Geschichte so radikal dahingeschwunden, daß wir heute von der Gefahr der völligen Abschaffung des Geschichtsunterrichts an unseren Bildungsanstalten bedroht sind.

Das durch die Reinkarnationserkenntnis erlangte neue Verständnis für Wesen und Sinn der Geschichte enthüllte zugleich auch die verschiedenen *Stufen,* welche ihre Entwicklung durchschreitet, und damit auch die *Rhythmen,* in welchen sie sich bewegt. Und mit diesen Rhythmen zugleich die Folge der Christusereignisse, die in ihrem Verlaufe stattfinden. Die Erkenntnis der Reinkarnation des Menschen öffnete also auch den Blick für die „Reinkarnationen“ des Christus in dem Sinn, in dem man von solchen sprechen kann. Ihm zeigte sich, daß zwar die leibliche Menschwerdung Christi ein absolut einmaliges Ereignis darstellt, daß aber mit ihr seine Verbindung mit der Menschheit nicht abgeschlossen ist, sondern auf höheren Ebenen sich wiederholt und in unserer Zeit in der ätherischen Welt sich vollzieht. Durch all dies waren die Grundlagen gezimmert, auf denen von Rudolf Steiner entwickelt werden konnte, was man die Mitte des Mittelpunktes der neuen Geisterkenntnis nennen darf: die *neue Christuserkenntnis*. Sie bildet bereits den Anfang der Wiederkunft Christi in der ätherischen Welt. Denn ebenso wie er durch seine leibliche Menschwerdung in sinnlich wahrnehmbare Erscheinung getreten war, so offenbart er sich durch seine Erscheinung im Ätherischen dem *spiritualisierten denkenden Erkennen*. Diese neue Christuserkenntnis wurde als der Gegenpol dem entgegengestellt, was der ahrimanisierte Intellekt hinsichtlich des Christentums zur Herrschaft gebracht hatte: der Theorie, daß es nicht durch die Menschwerdung eines Göttlichen entstanden, sondern durch einen bloßen Menschen begründet worden sei, den „schlichten Mann aus Nazareth", dessen geschichtliche Existenz sich aber nicht einmal mit Sicherheit erweisen lasse.

Mit all dem Geschilderten war aber die michaelische Mission Rudolf Steiners noch nicht zum Abschluß gekommen. Vom Jahre 1917 an konnte er zeigen, wie die leiblich-seelisch-geistige Totalität des Menschen sich abbildend widerspiegelt in seiner *physisch-ätherischen Organisation*. Es ist dies auf zwei gegensätzliche Arten der Fall: im Physischen repräsentiert der Kopf das Geistige, die Brust das Seelische, der Rumpf und die Gliedmaßen das Leibliche. Im Ätherischen stellt sich das im Kopfe zentrierte Nervensystem als der Abbaupol dar, von dem aus der Leib in der zweiten Lebenshälfte dem Altern und Sterben entgegengeht – das Stoffwechselsystem, in Rumpf und Gliedmaßen zentriert, ist der Aufbaupol, von welchem her aus dem Geiste heraus der Leib gestaltet und regeneriert wird – und das in der Brust zentrierte rhythmische System (Atmung und Blutkreislauf) bildet die ausgleichende Mitte. Mit dieser Erkenntnis enthüllten sich zugleich die vielfältigen Beziehungen des Menschen zu den Naturreichen, wie sie in Ernährung und Ausscheidung, in Ein- und Ausatmung, in Sinneswahrnehmung und Denken sich entfalten. Ihre Entdeckung ließ die *Lebensfrüchte* der neuen Geist-Erkenntnis reifen, die dann in den verschiedenen Tochterbewegungen der anthroposophischen Mutterbewegung in Erscheinung traten. In der biologisch-dynamischen Landwirtschaft wurde eine neue Agrikultur inauguriert, die den Lebensbedingungen der Pflanzen- und Tierwelt in solcher Weise gerecht wird, daß ihnen wieder eine gesunde Ernährung des Menschen abgewonnen werden kann. In der neuen Heilkunde und Heilmittelbereitung wurden die Grundlagen gelegt für eine Neugestaltung des therapeutischen Wirkens, durch welche dieses den erkrankten Leib nicht nur wie einen beschädigten mechanischen Apparat repariert, sondern die Kräfte der Gesundung in ihm aktiviert, die ihm als Organismus innewohnen. Und in einer neuen Pädagogik wurde eine Erziehung begründet, die den Entwicklungsgesetzen und -rhythmen des menschlichen Leibes und Lebens entspricht und dadurch die Heranwachsenden zu vollen und in sich harmonisierten Menschen zu bilden vermag.

Mit all diesen Lebensfrüchten wurde der Gegenimpuls geschaffen zu dem, was aus der modernen Naturwissenschaft als bedeutendste Frucht erwachsen war: zur modernen *Technik*. Sie hat es zu gewaltigen Errungenschaften gebracht, aber auch sie ist heute durch und durch ahrimanisiert und verursacht deshalb in den verschiedensten Formen eine Zerstörung der Natur, welche auch die leibliche Existenz des Menschen bedroht. Als physikalische Technik (Kernkraftwerke, Atomwaffen) wirkt sie in einem früher nie dagewesenen Maß ertötend, als chemische Technik wirkt sie vergiftend, als industrielle Produktionstechnik entmenschlichend, als Verkehrstechnik krankmachend, als Informationstechnik abstumpfend auf Sinne und Verstand. Gleichwohl: auch sie gehört zu den Früchten der Menschheitsgeschichte, und deshalb konnte es nicht darum gehen, sie abzuschaffen, sondern nur darum, sie zu verwandeln, zu vermenschlichen. „Niemand darf glauben" – so führt Rudolf Steiner in den Vorträgen über das „Karma des Berufs" aus –, „man solle die Dampfmaschine abschaffen. Man müßte vieles abschaffen, denn die Dampfmaschinen sind nicht einmal das dämonischste. Überall da, wo Elektrizität angewendet wird, ist viel mehr Dämonomagie, weil es noch mit ganz anderen Kräften wirtschaftet. Selbstverständlich wird derjenige, der Geisteswissenschaft versteht, sich klar sein darüber, daß diese Dinge nicht abgeschafft werden sollen, daß wir nicht reaktionär sein können in dem Sinne, daß wir uns auflehnen gegen den technischen Fortschritt. Die Dämonomagie bedeutet den Fortschritt, und die Erde wird immer mehr solche Fortschritte machen. Man wird es noch dazu bringen, daß man große Wirkungen in das

Weltenall hinaus entwickeln wird. Nicht ums Abschaffen handelt es sich, auch nicht ums Abkritisieren. Aber darum handelt es sich, daß, nachdem diese Dingen auftreten müssen im Menschheitsfortschritt, Gegenkräfte geschaffen werden, die den Ausgleich herbeiführen. Diese können nur geschaffen werden, wenn die Menschheit den Weg finden wird zu dem Christus."

Zur Erstarkung dieser Gegenkräfte wird dem Menschen durch das herbstliche Wirken Michaels in unserer Zeit eine *besondere Hilfe* zuteil. Sein Kampf mit Ahriman mittels des kosmischen Eisens der Meteore richtet sich nicht nur gegen dessen Wirken in der äußeren Natur, sondern verleiht auch unmittelbar dem Menschen Kräfte, deren er in der heutigen Weltsituation bedarf. „Wenn gerade in der Hochsommerzeit" – so führt Rudolf Steiner in den Vorträgen über den Jahreskreislauf aus – „aus einem gewissen Sternbilde das kosmische Eisen der Meteorsteine auf die Erde herabfällt, dann ist in diesem Eisen, in dem eine so ungeheuer starke heilende Kraft liegt, die Waffe der Götter enthalten gegen Ahriman, der die Menschen drachenhaft umschlängeln will. Und die Kraft, die auf die Erde herabfällt im Meteoreisen, sie ist dasjenige, womit die oberen Götter ahrimanische Kräfte zu besiegen trachten, wenn der Herbst herankommt. Und was sich da in majestätischer Größe abspielt draußen im Weltenall, wenn die Augustschwärme der Meteoriten hineinstrahlen in die Menschenstrahlen im Astrallichte, das hat sein scheinbar kleines, aber nur räumlich kleines Gegenbild in dem, was im menschlichen Blute vor sich geht. Dieses wird wahrhaftig nicht auf so materielle Weise, wie es sich die heutige Wissenschaft

vorstellt, sondern überall auf Anregungen des Geistig-Seelischen hin durchschossen von dem, was als Eisen in das Blut hineinstrahlt, was Angst, Furcht und Haß bekämpfend sich in das Blut eingliedert. Die Vorgänge, die sich da in jedem Blutkörperchen abspielen, die sind menschlich, im ganz Kleinen, minutiös dasselbe, was sich abspielt, wenn der Meteorstein leuchtend durch die Luft heruntersaust. Meteorwirkungen im Inneren des Menschen sind die Durchstrahlungen mit dem Eisen, die für das Blut und seine Entängstigung geschehen. Denn eine *Entängstigung,* eine *Entfürchtung* ist es, was da mit dem Eisen hineinstrahlt."
Hiermit hängt es auch zusammen, daß dem Geistesforscher in der geistigen Welt heute von seiten Michaels immer wieder eine Folge von Schriftzeichen entgegenleuchtet, deren Entzifferung einen Appell enthüllt, der sich in einem Leitspruch zusammenfassen läßt, welcher sich auf das Verhältnis des Menschen zum Eisen bezieht:

O Mensch, du bildest es zu deinem Dienste,
Du offenbarst es seinem Stoffeswerte nach
In vielen deiner Werke.
Es wird dir Heil jedoch erst sein,
Wenn dir sich offenbart
Seines Geistes Hochgewalt.

Die letzte schließlich und mächtigste der Früchte, die im Laufe der neuzeitlichen Entwicklung gereift ist, stellt die *industrielle Wirtschaft* dar. Sie hat in den letzten hundert Jahren einen derart gigantischen Aufschwung genommen, daß sie das wirtschaftliche Leben zur einheitlichen, die ganze Erde umfassenden Weltwirtschaft umgestaltet hat. Aber auch sie ist heute ganz und gar von den ahrimanischen Mächten beherrscht. Dies hat seinen Ausdruck darin gefunden, daß sie in ihrer heutigen Form sich ihrer Wesensaufgabe völlig entfremdet hat, die darin besteht, die Menschheit mit den materiellen Gütern und Dienstleistungen zu versorgen, die sie für die Erhaltung ihrer physischen Existenz benötigt. Ihr Ziel liegt nicht mehr in der Befriedigung der hierfür bestehenden Bedürfnisse, sondern ausschließlich in der Maximierung von materiellem Gewinn, von wirtschaftlicher Macht für die Produzenten. Da diese Maximierung sich durch sich selbst keine Grenze setzt, so ist das für sie notwendige Wachstum der Produktion ebenfalls zu einem grenzenlosen geworden und hat den Charakter eines absoluten Zwanges angenommen. Dadurch wurde die Wirtschaft so übermächtig, daß sie heute die Gesellschaft in ihrer Gesamtheit völlig beherrscht. Das bedeutet, daß die materiellen Interessen das gesamte Leben bestimmen. Durch den materiellen Egoismus, der zum stärksten aller Triebe angeschwollen ist, hat sich aber das Wirtschaftsleben in einen Krieg aller gegen alle verwandelt, der in den verschiedensten Formen geführt wird: als Konkurrenzkampf, als Klassenkampf, als Kampf zwischen Kapitalismus und Kommunismus, als Kampf zwischen Industrie- und Rohstoffländern. Durch die ebenfalls bis in Grenzenlose sich steigernden Kriegsrüstungen und die Vernichtungskraft der neuesten technischen Waffen, die für diesen Kampf zur Verfügung stehen, bedroht sich die Menschheit heute, wie eingangs erwähnt, mit der Gefahr ihrer Selbstvernichtung. Hinzu kommt die Verschmutzung, Vergiftung und Zerstörung der natürlichen

Umwelt, welche die uferlos expandierende Wirtschaft anrichtet; das hat zur Folge, daß die Erde der Menschheit in Zukunft immer weniger eine Existenzbasis wird bieten können. Und so ist sie auch auf diese Weise im Begriff, sich ihr eigenes Grab zu schaufeln.

Dieser durch die ahrimanischen Mächte bewirkten Erkrankung der menschlichen Gesellschaft stellte Rudolf Steiner aus michaelischen Impulsen schon im Jahre 1919 als einen Antrieb zur Heilung die Bewegung für die *Dreigliederung des sozialen Organismus* entgegen. Sie hätte die eingetretene Chaotisierung des sozialen Lebens entwirren und dieses dadurch ins Gleichgewicht zwischen seinen materiellen und geistigen Funktionen bringen können. Sie aber fand so wenig Verständnis und wurde von den politischen Parteien so heftig bekämpft, daß sie nach einigen Jahren ihre Bemühungen aufgeben mußte. Daß es sich bei diesem Kampfe – nach Rudolf Steiners eigener Aussage – um eine Auseinandersetzung zwischen michaelischen und ahrimanischen Impulsen handelte, offenbarte sich dadurch aufs deutlichste, daß sein Ausgang in Deutschland die Machtergreifung des Hitlerschen Nazismus zur Folge hatte, der die geistige Auslöschung des Deutschtums und die furchtbarste Zerstörung der mitteleuropäischen Kultur heraufbeschwor.

Um der anthroposophisch-michaelischen Bewegung eine letzte Intensivierung zu verleihen, ließ Rudolf Steiner sein Lebenswerk gipfeln in der Begründung der *Freien Hochschule für Geisteswissenschaft als esoterischer Michaelschule.* Dadurch steigerte sich der Kampf aufs höchste, der schon von Anfang an die ganze Geschichte der anthroposophischen Bewegung begleitet hatte. Um die Jahrhundertwende hatte Rudolf Steiner zunächst versucht, in Berlin in wissenschaftlich und weltanschaulich interessierten Kreisen Verständnis für die von ihm entwickelte Geist-Erkenntnis zu erwecken. Es gelang aber nicht. Kurz darauf bot ihm die Theosophische Gesellschaft an, in ihrem Rahmen als Leiter einer zu gründenden deutschen Sektion im Sinne dieser Erkenntnis zu wirken. Der von ihm entwickelten neuen Christuserkenntnis stellte sich aber bald die von Annie Besant entfachte Krishnamurti-Bewegung entgegen, die in widerchristlichem Sinne eine physische Wiederverkörperung Christi prophezeite und propagierte. Weil er diese ablehnte, wurde er aus der Theosophischen Gesellschaft ausgeschlossen. So kam es zur Gründung der Anthroposophischen Gesellschaft als Trägerin des von ihm vertretenen geistigen Impulses. Ein Jahrzehnt später mußte die von ihm inaugurierte Bewegung für die soziale Dreigliederung, wie schon erwähnt, infolge der Gegnerschaft, die sich ihr entgegenstellte, ihre Tätigkeit einstellen. Kurz darauf wurde der Dornacher Goetheanum-Bau, in welchem der Anthroposophie ihre zentrale Pflegestätte errichtet worden war, durch Brandstiftung vernichtet. Und schließlich konnte Rudolf Steiner mit seiner Lehrtätigkeit an der 1924 eröffneten Hochschule für Geisteswissenschaft nurmehr beginnen. Sein Tod bereitete ihr nach kurzer Zeit ein Ende.

Die anthroposophische Bewegung vermochte den seither rasch hereingebrochenen und ständig sich beschleunigenden Verfall der Kultur nicht mehr abzuwenden. Dennoch: der Kampf, in dem sie stand, ging weiter und setzt sich bis heute fort. Die Notwendigkeit der durch sie vertretenen neuen Impulse zeigt sich von Jahr zu Jahr, ja von Tag zu Tag deutlicher. Und das Verlangen nach ihnen verbreitet sich heute in immer weiteren Kreisen. Den Schülern Rudolf Steiners obliegt deshalb die Aufgabe, die von ihm auf allen Lebensgebieten inaugurierten Initiativen, insbesondere die Pflege der Geisteswissenschaft als solcher, wie sie der Hochschule als Ziel gesetzt wurde, unvermindert und unentwegt weiterzuführen in dem Maß ihrer Kräfte und in Formen, die ihren Fähigkeiten angemessen sind. Damit werden sie auch für die Feier des Michaeli-Festes die Form finden, die seinem Wesen und zugleich dem Charakter unserer Zeit entspricht.

Das Michaeli-Fest ist nun einmal das Fest des *Herbstes,* aber nicht nur innerhalb des *Jahreskreislaufes,* sondern auch innerhalb des *Kreislaufes der irdischen Menschheitsentwicklung.* Dieser Kreislauf ist aber heute in *seine* Herbsteszeit eingetreten. Als das Herbstesfest in seiner zweiten Bedeutung ist deshalb *Michaeli zum repräsentativen Fest unserer Zeit überhaupt geworden.* Was aber charakterisiert diese? Das Leben und die Entwicklung der Menschheit wird heute *nicht mehr* wie in alten Zeiten von der *Weltenvergangenheit* her bestimmt in Form von sich wiederholenden Rekapitulationen derselben – wie in Altindien die polarische, in Altpersien die hyperboräische Epoche sich wiederholte, in Altägypten die lemurische und in der klassischen Antike die atlantische. Mit dem Ende der vierten nachatlantischen Epoche sind die Rekapitulationen zum Abschluß gekommen. Von unserer Epoche an wird die Menschheitsentwickkung von der *Weltenzukunft* her bestimmt in Form von *Antizipationen.* Insofern bezeichnet der Titel des bekannten Buches von Robert Jungk „Die Zukunft hat schon begonnen" die heutige Wirklichkeit. Und wie das Michaeli-Fest als Herbstesfest des Jahreskreislaufes die wiederkehrende weihnächtliche Christgeburt vorbereitet, so bereitet es als Herbstesfest der Erdenmenschheitsentwicklung die künftigen in immer höheren Sphären wiederkehrenden Christusereignisse vor. Es ist in der Tat *kein Fest der Erinnerung* an Geschehnisse der Vergangenheit, sondern ein Fest der *Aktivierung des Willens zu Zukunftstaten.* In dem Maße, als wir es zu einem Appell, einem Aufruf, einem Weckruf zur Bewußtmachung der Zukunftsaufgaben, zum Fassen von Entschlüssen für künftige Taten gestalten, wird seine Feier den Charakter erlangen, der seinem Wesen und unserer Zeit entspricht.

Weihnacht

Die Zeit, in der wir leben, kennzeichnet sich hinsichtlich des Weihnachtsfestes dadurch, daß dieses seinen durch die Religion bestimmten Charakter völlig verloren hat. Die Weihnachtszeit ist zu derjenigen Zeit des Jahres geworden, in welcher der Einkaufsrummel in den Straßen der Städte sich zu den höchsten Graden steigert und die Wirtschaft die größten Geschäfte macht. Denn die moderne Zivilisation ist heute in die Entwicklungsphase eingetreten, in der aus der materialistischen Weltanschauung und Lebensgesinnung, die in der neueren Zeit zur Herrschaft gelangt ist, die letzten Konsequenzen gezogen werden. Zu ihnen gehört auch, daß die christliche Religion in ihrer bisherigen Form im Absterben begriffen ist. Dies kommt darin zum Ausdruck, daß in dem Begründer des Christentums nicht mehr eine gottmenschliche Wesenheit gesehen wird, sondern bestenfalls ein rein menschlicher Religionsstifter. Ich sage „bestenfalls", weil sich nach der Auffassung heutiger Bibelforscher nicht einmal mit Sicherheit beweisen läßt, daß er als historische Persönlichkeit überhaupt existiert hat. Auf keinen Fall aber können – zufolge dieser Auffassung – die beiden Geschichten seiner Geburt, wie sie in zweien der Evangelien erzählt werden, als Berichte über geschichtliche Tatsachen gelten, sondern lediglich als märchen- oder mythenartige Legenden – unterscheiden sie sich doch auch so sehr voneinander, daß sie kaum auf eine und dieselbe Person bezogen werden können. Hat es aber einen Sinn, solche Märchengeschichten alljährlich durch ein Erinnerungsfest zu feiern, zumal ja die Evangelienberichte keine Angaben über das Datum enthalten, an welchem die Geburt Jesu stattgefunden haben soll? Es wurde darum in jüngster Zeit schon mehrfach vorgeschlagen, das Weihnachtsfest gänzlich abzuschaffen.

Wenn wir als Schüler der Geisteswissenschaft Rudolf Steiners dieses Fest weiterhin mit größtem Ernst zu feiern uns bemühen, so geschieht es deshalb, weil wir durch sie wissen, daß durch das Ereignis, das im Beginn unserer Zeitrechnung in Palästina stattfand, die göttlich-geistige Wesenheit, die bis dahin der Geist der Sonne gewesen war, zum Geiste der Erde geworden ist und seitdem an den Rhythmen teilhat, in denen das Leben der Erde sich bewegt. Zu diesen Rhythmen gehört als wichtigster dieser, daß das Seelisch-Geistige der Erde jeweils während der Sommerzeit – das heißt während des Schlafzustandes derjenigen Hemisphäre, in der sie gerade herrscht – in die Weiten des Kosmos ausgegossen ist, dagegen während der Winterzeit – das heißt während ihres Wachzustandes – in das Innere der Erde sich zusammenzieht, gleichsam neu in ihr geboren wird. Insbesondere geschieht das letztere während der Zeit der zwölf heiligen Nächte in der Mitte des Winters. Und darum kann während dieser Zeit der Mensch dem Christuswesen als im Irdischen unmittelbar anwesendem geistig in einer Art begegnen, wie dies zu keiner anderen Zeit des Jahres möglich ist. Dadurch hebt sich diese Zeit aus allen anderen Zeiten des Jahres in einzigartiger Weise heraus. Und dafür uns geistig vollwach zu machen, dazu feiern wir das Weihnachtsfest. Wir feiern

mit ihm also nicht nur die Erinnerung an ein Vergangenes, sondern erwecken uns mit ihm auch für ein jeweils Gegenwärtiges.
Dies ist aber nicht der einzige Grund, warum wir dieses Fest begehen. Wir tun es noch aus einem zweiten Grund, noch in einem anderen Sinn. Denn wir wissen aus der Geisteswissenschaft zugleich, daß in unserer Zeit ein neues Christusereignis stattfindet: die Wiederkunft Christi in der ätherischen Welt. Sie setzte ein im dreißigsten Jahr nach dem 1879 erfolgten Beginn des neuen Michaelzeitalters, in dem wir uns seitdem befinden. Damals war es, daß Rudolf Steiner erstmals von ihr sprach. Und in den unmittelbar darauf folgenden Jahren hat er in seinen zahlreichen Vortragszyklen über die Evangelien und andere Teile der Heiligen Schrift: die mosaische Genesis, die Paulusbriefe, die Apokalypse, schließlich gipfelnd in der Vortragsreihe, der er den Titel des „Fünften Evangeliums" gab, eine umfassende Christosophie entwickelt. In dieser dürfen wir die erste Auswirkung des neuen Christusereignisses erblicken. Denn ebenso wie durch seine Erscheinung im physischen Leibe im Beginn unserer Zeitrechnung der Christus den Menschen, die ihm in Palästina begegneten, für die sinnliche Wahrnehmung sich offenbarte, so offenbart er sich heute innerhalb der ätherischen Welt dem spiritualisierten, leibfrei gewordenen Denken.
Mit diesem neuen Christusereignis aber wird in unserem 20. Jahrhundert, das heißt in der Zeit, da die bisherige Form des Christentums sich im Absterben befindet, eine neue, zweite Form desselben geboren. Und diese Geburt ist das andere Ereignis, das wir heute mit dem Weihnachtsfest

feiern. Auch mit ihr feiern wir nicht die Erinnerung an ein Vergangenes, sondern machen uns wach für ein Gegenwärtiges.

Worin unterscheiden sich nun die genannten zwei Formen des Christentums voneinander? Die bisherige erste beinhaltete nicht eine Erkenntnis des Christus, sondern bloß einen religiösen *Glauben* an ihn und an seine Erlösungstat. Der Inhalt dieses Glaubens wurde von der *Kirche* verkündet in Form von Glaubensdogmen, welche für wahr zu halten ihre Angehörigen verpflichtet waren. Und wir wissen, wie diejenigen, die hierüber eigene Auffassungen entwickelten, welche den Dogmen der Kirche widersprachen, viele Jahrhunderte hindurch von ihr aufs grausamste bekämpft und ausgerottet wurden. Insofern kann die bisherige Form des Christentums auch als *Kirchenchristentum* bezeichnet werden.

Was nun den Inhalt ihres Glaubens betrifft, so wurde dieser wesentlich durch die Religion des vorchristlichen Israelitentums bestimmt. Denn dieses war ja von der göttlich-geistigen Welt dazu auserwählt worden, den physischen Leib zuzubereiten, in welchem die Christuswesenheit sich verkörpern sollte. Und daß sie innerhalb dieses Volkstums in Erscheinung treten werde, wurde ja von den israelitischen Propheten durch viele Jahrhunderte vorherverkündet. Die andere hauptsächliche Offenbarung der israelitischen Religion stellte diejenige dar, die durch Moses erfolgt war und ihren Niederschlag in den Büchern Mosis des Alten Testamentes gefunden hatte. Und diese Bücher, zusammen mit den Schriften der Propheten, ergänzt durch einige andere Dokumente: die Psalmen Davids, die Sprüche Salomos, das Buch

Hiob u. a., wurden ja dann vom Christentum als das Alte Testament übernommen und mit dem Neuen zusammen zu *seiner* Urkunde, zur Heiligen Schrift vereinigt. Zu der mosaischen Offenbarung gehörte die Lehre von der Ursünde der Stammeltern der Menschheit und von ihrer dadurch erfolgten Ausstoßung aus dem Paradies. Durch sie hat dieser Lehre zufolge die Menschheit sich so stark mit den Mächten des Bösen verstrickt, daß sie dieser Verstrickung sich nicht mehr aus eigener Kraft entwinden konnte. Dies wurde erst möglich durch die Liebestat, die der Gottessohn mit seiner Menschwerdung in Jesus und seinem Opfertod am Kreuz von Golgatha vollbrachte. In der Nachfolge Christi als des größten Vorbildes der Liebe konnten die Menschen der Erlösung vom Fluch der „Erbsünde" teilhaftig werden. In der durch Christus erfolgten Stiftung der Kirche als allmenschlicher Liebesgemeinschaft dokumentierte sich diese Erlösung. Mit ihren Sakramenten, das heißt Gnadenmitteln, ließ die Kirche ihren Angehörigen die von Christi Erlösertat ausströmende Kraft der Liebe zuteil werden. Insofern kann auch *deshalb* die bisherige Form der christlichen Religion als Kirchenchristentum bezeichnet werden.

Heute leben wir in einem anderen Zeitalter. In ihm ist die Menschheit am tiefsten in die Welt des Materiellen herabgestiegen. Dieser Abstieg war notwendig; denn nur durch die vollständige Verbindung mit dem physischen Leibe konnte und kann sie aus diesem die Bewußtseinsseele herausarbeiten, das heißt: ein vollwaches Ichbewußtsein, das zu entwickeln die Aufgabe unserer fünften nachatlantischen Kulturepoche ist. Diese Entwicklung fand ihren reinsten Ausdruck in der Ausbildung der ganz auf die Sinneserfahrung begründeten modernen Naturwissenschaft. Als unvermeidliche Begleiterscheinung derselben entstand die materialistische Weltanschauung. Dies geschah durch die vollständige Bindung des Denkens an das physische Gehirn. Diese steigerte sich zu solchem Übermaß, daß Rudolf Steiner von einem zweiten, einem intellektuellen Sündenfall sprach, dem die Menschheit in unserer Zeit erlegen sei. Man kann ihn im Gegensatz zu dem moralisch-luziferischen, der im Paradies erfolgte, auch den ahrimanischen nennen; denn auch ihm liegt eine Verführung zugrunde. In diesem Sinne stellte Rudolf Steiner der Verführung des Mannes durch die Frau, die im Paradies geschah, die Verführung der Frau durch den Mann: Gretchens durch Faust, den Repräsentanten des Bewußtseinsseelenzeitalters, gegenüber, wie sie im ersten Teil von Goethes Dichtung stattfindet. Diese Verführung der Menschheit erreichte ihren Höhepunkt in der zweiten Hälfte des 19. Jahrhunderts, als durch Michael die ahrimanischen Geister der Finsternis ganz in die physische Welt herabgestoßen wurden. Ihre bedeutendste Auswirkung erlangte sie in der gewaltigen Entwicklung, welche seitdem die moderne Technik und die durch sie entstandene industrielle Wirtschaft erfuhr. Ihre letzte Gipfelung wird sie im Beginn des kommenden Jahrtausends erlangen, in dem Ahriman im Westen in menschlicher Verkörperung erscheinen wird, wie es im vierten vorchristlichen Jahrtausend Luzifer im fernen Osten getan hat. Erst im Blick auf all das hiermit Angedeutete wird es voll verständlich, daß nur durch die genannte neue Erlösungstat Christi die Menschheit vor dem Scheitern ihrer Entwicklung wird gerettet werden können, von dem sie heute bedroht ist. Bei dieser geht es allerdings um anderes als bei seiner leiblichen Menschwerdung. Damals handelte es sich um die Überwindung der Selbstsucht des Menschen durch die Kraft der Liebe, die er in der Nachfolge Christi in sich erwecken konnte.

Heute geht es darum, die Fesselung des Menschen an seine Leiblichkeit zu überwinden durch eine hierzu geeignete seelisch-geistige Selbstschulung. Durch sie kann eine Geist-Erkenntnis erlangt werden in Gestalt einer Geistes-Wissenschaft. Diese gestaltet sich, wie es durch Rudolf Steiner geschehen ist, zur Christus-Erkenntnis: zur Christosophie. Was bildet aber den Inhalt derselben? Es ist die Erkenntnis, daß Christus durch das Mysterium von Golgatha nicht nur zum Geiste der Erde geworden ist, sondern zugleich zum Geiste der Menschheit, zum „Menschheitsrepräsentanten", wie ihn Rudolf Steiner genannt hat. Damit enthüllt sich aber zugleich, was das Wesen der Menschheit ausmacht, das durch ihn repräsentiert wird. Und so wird die Christosophie zugleich zur Anthroposophie. Das Wesensgeheimnis der Menschheit aber liegt darin, daß sie zur Menschenstufe, zur Stufe des Ichwesens nur dadurch aufsteigen konnte, daß sie sich in der vierten Phase der zu ihr gehörigen kosmischen Evolution mit dem, was durch diese zur Erde geworden ist, verbunden hat. Das allein genügte freilich noch nicht. Es würde zur Folge haben, daß der Ich-Charakter der Menschen an ihr Dasein im irdischen Leibe gebunden bleibt, das heißt ihnen wieder verloren gehen müßte, wenn die Erdenentwicklung zum Abschluß gekommen sein und die Menschheit sich von der Erde wieder loslösen wird. Darum mußte als zweites hinzukommen die Verbindung der kosmischen Ich-Wesenheit des Christus mit der Erde, durch die er zum Erdengeist wurde. Dies erst ermöglicht der Menschheit, ihr Ichwesen gegenüber ihrem irdischen Leibe zu verselbständigen, über ihre Exkarnation von der Erde hinaus zu bewahren und es in künftigen Phasen der kosmischen Evolution zu höheren Stufen weiter zu entwickeln.

Damit ist zugleich eine weitere Erkenntnis verbunden, daß nämlich jedes menschliche Ich, um dieser Christuswirkung teilhaftig zu werden und das Ziel seines Erdendaseins völlig zu erreichen, die gesamte Erdenentwicklung vom Anfang bis zum Ende – genauer gesagt nicht nur die dem Golgathaereignis vorangehenden, sondern auch die diesem nachfolgenden Phasen derselben – mit durchmachen muß in der Folge seiner Wiederverkörperungen. Durch diese Erkenntnis wird der Mensch zugleich geschützt vor einer neuen luziferischen Verführung, die dahin zielen könnte, daß er von Furcht und Grauen erfüllt vor den Auseinandersetzungen mit den ahrimanischen Mächten, die der Menschheit in der Zukunft noch bevorstehen, der Erde entflieht, indem er – im Sinne des Buddhismus – das Rad seiner Wiedergeburten vorzeitig zum Stillstand bringt, um in das Nirwana einzugehen.

Aber nicht nur vor solcher Fehlentscheidung bewahrt ihn diese Erkenntnis, sie schenkt ihm zugleich noch eine positive Gabe. Es geht dem Menschen durch sie auf, daß er als Ichwesen mit allen anderen Menschen-Ichen „im selben Boot sitzt“ – in dem Boote, das sie durch die gesamte Erdenentwicklung führt. Und daß sie das Ziel dieser Fahrt nur in Gemeinsamkeit durch gegenseitige Hilfe zu erreichen vermögen. Er lernt seine Mitmenschen als seine Schicksalsgenossen, als seine Brüder im umfassendsten Sinne dieses Wortes erkennen. Und aus dieser Erkenntnis erblüht in neuer Art jene allgemeinmenschliche Liebe, deren Samen die Christuswesenheit durch ihre Menschwerdung der Erdenmenschheit eingepflanzt hat. Diese Liebe bedarf dann zu ihrer Impulsierung und Übung keiner Kircheninstitution mehr, sie ergibt sich aus der Erkenntnis des Wesens des menschlichen Ichs. Denn in seinem wahren Ich findet der Mensch nicht nur sich selbst, sondern die Menschheit. Der wahre Erdenlebenslauf seines Ichs durch die Folge seiner Reinkarnationen hindurch erweist sich als identisch mit dem Erdenlebenslauf der Menschheit. Und so, wie die neue Form des Christentums kein Glaubenschristentum mehr, sondern ein Erkenntnischristentum sein wird, so wird es auch kein Kirchenchristentum mehr sein. Eine allmenschliche Liebesgemeinschaft kann die Menschheit werden, und zwar auf allen Gebieten ihres Lebens: als Weltgesellschaft. Anders gesagt: Das Christentum wird in dem Sinne keine bloße Religion mehr sein, daß es nur durch eine Kirche oder durch eine Mehrheit von solchen repräsentiert und gepflegt wird. Es hat zwar nach einem Ausspruch Rudolf Steiners (in seiner ersten Form) „als Religion begonnen, aber es ist größer als alle Religionen... Es ist größer als das religiöse Prinzip selbst." Es wird zum Grundimpuls werden, der das Ganze der Menschheits- beziehungsweise Weltgesellschaft formiert und strukturiert.

Zwar ist ja die Menschheit schon heute zur Weltgesellschaft geworden: durch die Errungenschaften der Informations-, Verkehrs-, Transport-Technik und der industriellen Wirtschaft. Aber sie ist eine solche erst in physisch-materieller

Hinsicht. Sie ist – wie Rudolf Steiner es einmal formulierte – ein bloßer Leib, dem die dazugehörige Seele noch fehlt. Darum ist sie trotz ihrer äußeren Einheit innerlich – ideologisch, politisch, nationalistisch – noch so lebensbedrohend zerspalten und zerrissen. Die neue Form des Christentums wird ihr durch die neue Quelle der Menschenliebe, die sie erschließt, erst eine Seele schenken. Aber ebenso, wie der einzelne Menschenleib durch das Ichwesen, das sich in ihm verkörpert, erst seine spezifisch menschliche Struktur, seine Gliederung in Nerven-, rhythmisches und Stoffwechselsystem empfängt, so wird der Leib der Menschheitsgesellschaft durch diese seine Beseelung erst seine wahrhaft menschliche dreigliedrige Struktur erlangen. Die durch diese repräsentierte neue Form des Christentums wird allerdings nur im Maße der Erhebung der Menschheit von ihrem ahrimanischen Sündenfall entstehen. Und so unterscheidet sie sich von der bisherigen, ersten Form auch in folgender Hinsicht: diese stellte in gewisser Weise die Überwindung des luziferischen Sündenfalles dar. (Von einem ahrimanischen Bösen war und ist ihr bis heute nichts bekannt.) Diese Überwindung war die Sache des einzelnen Menschen und konnte durch entsprechende innere, seelische Wandlung erlangt werden. Die Überwindung des ahrimanischen Sündenfalles ist – wie Rudolf Steiner in den Vorträgen über das „Fünfte Evangelium" ausführte – zwar auch, aber nicht nur die Angelegenheit des einzelnen Menschen, sondern zugleich und im selben Maße die Aufgabe der Menschheit als Weltgesellschaft: nämlich ihrer Vermenschlichung durch entsprechende Neustrukturierung. Und diese Aufgabe kann nicht in der Zeitspanne eines

Menschenlebens, sondern nur im Laufe der geschichtlichen Entwicklung gelöst werden.
Hiermit hängt schließlich noch ein letztes zusammen. Die Menschheit hat in unserer Zeit sich nicht nur vollständig mit ihrer Leiblichkeit verbunden, sondern hat durch Naturwissenschaft, Technik und Industrialismus auch eine nie gekannte Macht erlangt, die Stoffe und Kräfte der Erdennatur für sich zu nutzen und auszubeuten. Und dies geschieht heute in einer Art und in einem Maße, durch welche nicht nur die Schätze der Erde ihrer Erschöpfung entgegengehen, sondern auch ihr Leben immer mehr vergiftet und zerstört wird. Und so ist die Menschheit heute auch von der Verführung bedroht, die Basis ihrer physischen Existenz zu vernichten. Auch diese Bedrohung ist eine Folge ihres ahrimanischen Sündenfalls. Ihre Erhebung von diesem Fall, die ihr das neue, ätherische Christusereignis ermöglicht, wird daher als wesentliches Moment der Erkenntnis, in der sie zum Ausdruck kommt, das schon erwähnte in sich schließen, daß Christus durch das Mysterium von Golgatha zum Geiste sowohl der Menschheit wie auch der Erde geworden ist. Dadurch hat er die Grundlage geschaffen, daß die im Irdischen wirkende ahrimanische Macht, die ja die des Todes ist, durch den Menschen überwunden werden kann. Symbol hierfür ist die in seiner Auferstehung erfolgte Besiegung des Todes, die er durch seine Menschwerdung vollbracht hat. Für die neue Form des Christentums wird dieser Akt seiner Erlösungstat immer mehr in den Mittelpunkt treten. Durch die Macht, welche die Menschheit heute über die Natur erlangt hat, ist sie in einem früher nicht dagewesenen Grad für das Schicksal der Erde mitverantwortlich ge-

worden. Sie wird dieser Verantwortung nur in dem Maße Genüge leisten können, als sie die Bedeutung der Tatsache voll in ihr Bewußtsein aufnimmt, daß der Christus zum Geiste der Erde geworden ist. Über dieses Bewußtwerden schrieb Rudolf Steiner in seinem Buche „Die geistige Führung des Menschen und der Menschheit“ (8. Aufl., S. 66): „So sonderbar es erscheinen mag: künftig werden Chemiker und Physiker kommen, welche Chemie und Physik nicht so lehren, wie man sie heute lehrt . . ., sondern welche lehren werden: Die Materie ist aufgebaut in dem Sinne, wie der Christus sie nach und nach angeordnet hat. Man wird den Christus bis in die Gesetze der Physik und Chemie hinein finden. Eine spirituelle Chemie, eine spirituelle Physik ist das, was in der Zukunft kommen wird.“ Aus solcher Erkenntnis heraus wird die Menschheit den Impuls gewinnen, im Umgang mit der Natur – sowohl in der Landwirtschaft wie in der Industrie – Methoden zu entwickeln, durch welche die Kräfte der Auferstehung, die der Christus der Erde eingepflanzt hat, sich dereinst auswirken können.

All dies uns alljährlich zum vollen Bewußtsein zu bringen, wird wesentlich zum Inhalt der Weihnachtsfeier des Festes der Christgeburt gehören müssen, wenn wir diese in der von unserer Zeit geforderten Form begehen wollen.

Ostern

Wie wir alles und jedes, was uns in der Welt an Tatsachen und Erscheinungen entgegentritt, von verschiedenen Gesichtspunkten aus ins Auge fassen müssen, um in seinen tieferen Wesensgehalt eindringen zu können, so gilt dies auch von den christlichen Jahresfesten. In der Betrachtung über das *Michaelifest* bin ich vom Gesichtspunkt der *Jahreszeiten* ausgegangen. Ich zeigte dabei, wie aus dem, was die Anthroposophie uns über das Wesen der Jahreszeiten und speziell des Herbstes sagt, verständlich wird, warum wir das, was wir mit diesem Feste feiern, uns im Bilde des Kampfes Michaels mit dem Drachen veranschaulichen dürfen. Es ist dies dadurch bedingt, daß jeweils während des Sommers die Erdennatur in gewissem Grade ahrimanisiert wird. Ihre Reinigung von dieser Ahrimanisierung ist das, was Michael in seinem herbstlichen Kampfe mit dem Drachen mittels des kosmischen Schwertes vollbringt, dessen Eisen die Meteorschwärme dieser Jahreszeit bilden. Ich betrachtete das Michaelifest dann aber noch in anderer Art als Herbstesfest: vom *geschichtlichen* Aspekt aus. In unserem Zeitalter geht die Erdenentwicklung ihrem Herbst entgegen. Die Kräfte des Sterbens, des Todes, die Kräfte Ahrimans, werden in ihr immer stärker. Sie zu besiegen, damit die Erde von den Kräften des Christus durchdrungen werden kann, der sich mit ihr durch den Kreuzestod auf Golgatha verbunden hat, ist das Ziel Michaels. Dafür steht er *in unse-*

rer Zeit im Kampf mit dem Drachen. Sein Fest erinnert nicht an Vergangenes, sondern soll unseren Willen stärken zu Zukunftstaten im Zeichen der Überwindung des Todes: der Auferstehung. Hierin liegt seine besondere Beziehung zum *Osterfest,* auf die Rudolf Steiner in seinen Vorträgen über den Jahreskreislauf hingewiesen hat. Den Inhalt des Osterfestes faßte er darin in dem Satze zusammen: „Der Christus ist ins Grab gelegt worden und ist auferstanden." Den Inhalt des Michaelifestes in dem Satze: „Der Mensch ist auferstanden und kann beruhigt ins Grab gelegt werden."

Vom Aspekte der Jahreszeiten aus zeigt sich, wie jeweils zwei von den vier christlichen Jahresfesten in besonderer Beziehung zueinander stehen: das Winter- und das Sommerfest, das Frühjahrs- und das Herbstesfest. Im Winter finden wir seit Golgatha den Christus als Menschen im Irdischen, im Sommer als Gott im Kosmos. Im Frühling feiern wir *seine* Auferstehung, im Herbst die *unsrige.*

Nun kann man aber die Feste auch noch von einem anderen Aspekt her betrachten. Dann haben wir es mit jener Dreiheit derselben zu tun, die von den Christen bisher immer als ihre Hauptfeste gefeiert wurden: *Weihnachten, Ostern, Pfingsten.* Was kommt in dieser Dreiheit zum Ausdruck?

Da wir es bei ihr mit den Hauptfesten des Christentums zu tun haben, beziehen sie sich alle auf den Christus, aber in verschiedener Art. Im Weihnachtsfest feiern wir seine Geburt. Warum tun wir das? Wäre Christus nur ein Mensch gewesen, so hätte die Kirche dieses Fest gewiß nicht eingeführt. Wir feiern es, weil wir mit ihm die Menschwerdung des Gottessohnes feiern. Als solcher hat er keinen menschlichen Vater, sondern nur eine menschliche Mutter: die Jungfrau Maria. Wir nennen sie deshalb auch die Mutter Gottes. Sein Vater aber ist der Vater-Gott. So gesehen ist es also die Beziehung des Sohnes zum *Vater-Gott,* auf die uns das Weihnachtsfest hinweist.

Was wir im Osterfest feiern, sind Tod und Auferstehung Christi. In ihnen gipfelte seine Erlösungstat. Es ist dieses Fest also im eigentlichen Sinne dasjenige des *Sohnes* selbst.

Das Pfingstfest erinnert an das Geschehen, durch das der Heilige Geist, den Christus seinen Jüngern verheißen hatte, in feurigen Zungen sich auf die Apostel niederließ. Es steht im Zeichen der Beziehung des Sohnesgottes zum *Heiligen Geist.*

So ordnen sich diese drei Feste den drei Personen der göttlichen Trinität zu. Unter ihnen ist Ostern also im spezifischen Sinne das Fest des Sohnes. Wie können wir diese seine Bedeutung im Konkreten erfassen?

Überblicken wir das Ganze der kosmischen Evolution, so können wir ihre drei vorirdischen Stufen: Saturn, Sonne, Mond, dem Vater zuordnen, ihre drei nachirdischen: Jupiter, Venus, Vulkan, dem Heiligen Geist, die mittlere: die Erde, dem Sohn. Das Mysterium von Golgatha ist das Mittelpunktsereignis der Erdenentwicklung und damit zugleich der ganzen kosmischen Evolution. Was ist die besondere Aufgabe der *Erdenentwicklung?* Das Wesen, um das es in dieser ganzen planetarischen Evolution geht, macht in dieser mittleren Phase derselben seine *Menschheitsstufe* durch. Zu dieser steht der Sohn in besonderer Beziehung. Darum wurde er in ihrer Mitte selber zum Menschen.

Was kennzeichnet die Menschenstufe? Der Mensch wird zum *Ich-Wesen.* Erdenentwicklung ist Ich-Entwicklung. Wodurch kommt diese zustande? Das Ich ist ein Geistwesen. Zum Ich wird es erst dadurch, daß es zum Bewußtsein seiner selbst gelangt, das heißt: daß es „ich" zu sich sagen lernt. Nötig ist hierzu zweierlei. Erstens seine Verkörperung im irdisch-materiellen Leibe. Darum mußte diese Entwicklungsstufe zur Erdenstufe werden. Es war aber noch ein Zweites dazu nötig: Wenn das Ich mit dem Ende der Erdenentwicklung, das heißt mit dem Abschluß seiner irdisch-materiellen Verkörperungen nicht wieder erlöschen, sondern über die Erdenevolution hinaus erhalten bleiben und auf den folgenden Stufen der kosmischen Evolution eine weitere Entwicklung sollte durchmachen können, dann mußte noch ein Weiteres geschehen: die kosmische Ichwesenheit des Christus mußte sich mit der Erde verbinden und das menschliche Ich durchdringen. Dadurch wurde dieses mehr als ein nur irdisches Wesen. Es erlangte kosmischen Rang. Es kann sich unabhängig vom Leibe erhalten. Worum ging es aber bei der Menschwerdung Christi?
Mit der Geburt des menschlichen Ichs wurde zugleich die menschliche Freiheit geboren. Beides ist eines und dasselbe. Die Geburt der Freiheit bedeutete aber zugleich: das Hineingestelltwerden des Menschen in den Gegensatz von *Gut und Böse.* Wie können wir diesen charakterisieren? In der einfachsten Weise wohl so, daß das Gute dasjenige ist, was den weiteren Fortgang der menschlichen Entwicklung ermöglicht und fördert – das Böse aber dasjenige, was ihn verhindert, verunmöglicht. Worin besteht das letztere in seinem Kern? Die Geistigkeit der Menschheit war vor ihrer Verleib-

lichung in irdischen Körpern noch eine einheitliche. Durch ihre irdische Inkarnation wurde sie fortschreitend in einzelne Iche individualisiert. Das brachte die Grundgefahr mit sich, daß sie sich völlig in einzelne Iche *zerspaltete,* die sich ganz in sich selbst abkapseln. Das bedeutete das Verfallen der Menschen in *Ichsucht,* Selbstsinn, Egoismus, in Haß und Kampf der einzelnen gegeneinander. Die Menschheit hätte sich dadurch als solche aufgelöst. Hier liegt die Wurzel alles Bösen.

Durch das Christusereignis ist der Menschheit die Möglichkeit geschenkt worden, das Böse zu überwinden. Denn dieses Ereignis war die größte Tat der *Liebe,* die im Weltenwerden je vollbracht wurde. Der Sohn Gottes, als solcher der Bruder aller Menschen, da sie ja alle auch Kinder Gottes sind, verwirklichte aus seiner Liebe zu ihnen seine Bruderschaft völlig, indem auch er Mensch wurde und dafür durch seine Mitmenschen sogar den Märtyrertod erlitt. Er verkündete ihnen das Evangelium der Liebe zu Gott und den Mitmenschen. Durch die freie Übung dieser Liebe kann der Mensch das Böse überwinden. Denn an die Stelle von moralischen Geboten ist in Christus das höchste *Vorbild* des Guten getreten. In der Nachfolge dieses Vorbildes – in der imitatio Christi (Thomas a Kempis) – kann der Mensch die Erde zum *Planeten der Liebe* gestalten; und so läßt sich darum auch die Mission bezeichnen, die ihr im Weltenwerden zuerteilt ist.

Nun kann allerdings der Egoismus als der Quellgrund des Bösen in *zweifacher* Gestalt in Erscheinung treten und *ist* in Erscheinung getreten. In den Anfängen der Erdenentwicklung waren die Menschen sich ihrer göttlichen Abkunft noch bewußt. Indem die Freiheit in ihnen erwachte, nahm damit die Ichsucht, die Luzifer in ihnen entzündete, den Charakter des *Hochmuts,* der *Selbstüberhebung* an. Sie fühlten sich dem Göttlichen ebenbürtig. Auf diese Nuancierung der in ihnen erwachten Ichsucht deutet sinnbildlich die mosaische Genesis hin, indem sie berichtet, daß die Stammeltern der Menschheit im Paradies zu ihrer ersten Sünde durch die Schlange mit der Verheißung verführt wurden: „Wenn ihr von den euch verbotenen Früchten des Baumes der Erkenntnis esset, so werdet ihr mitnichten des Todes sterben, sondern Gott weiß, daß, welches Tages ihr davon esset, so werden eure Augen aufgetan und ihr werdet sein wie Gott." Später, lange nach ihrer Vertreibung aus dem Paradies verfielen die Menschen von neuem dem Bösen und wurden dafür – so berichtet das Alte Testament an späterer Stelle – von der Gottheit mit dem Untergang fast ihrer Gesamtheit durch die Sündflut bestraft. Das Böse, dem sie verfallen waren, wird hier so charakterisiert: „Da sich aber die Menschen begannen zu mehren auf Erden und ihnen Töchter geboren wurden, da sahen die Kinder Gottes nach den Töchtern der Menschen, wie sie schön waren, und nahmen zu Weibern, welche sie wollten. Da sprach der Herr: Die Menschen wollen sich von meinem Geist nicht mehr strafen lassen... Es waren auch zu den Zeiten Tyrannen auf Erden; denn da die Kinder Gottes zu den Töchtern der Menschen eingingen, und sie ihnen Kinder gebaren, wurden daraus Gewaltige in der Welt und berühmte Männer." Wiederum sind es die Momente des Hochmuts, der Eitelkeit, der Herrschsucht, die der Ichsucht ihre Nuancierung verleihen. Ein drittes Mal versündigt sich schließlich die Menschheit – nach der Darstellung der Bibel – durch ihre Selbstüberhebung. Diese verführt sie beim Turmbau zu Babel abermals dazu, sein zu wollen wie Gott. „Wohlauf, laßt uns eine Stadt und einen Turm bauen, des Spitze bis an den Himmel reicht, damit wir uns einen Namen machen." Sie wird diesmal mit der Verwirrung ihrer Sprache bestraft.

Von dieser Art der Ichsucht wurde die Menschheit erlöst durch die Liebestat des Christus. Wie begann diese? Nach der Darstellung des Lukas-Evangeliums mit seiner Geburt – nicht in einem Königspalast, sondern im Stall von Bethlehem als Kind ärmster Leute. Er verkehrt später mit Zöllnern und Sündern, heilt Kranke, wird aber von den Hohepriestern als Aufrührer zum Tode verurteilt, gegeißelt und schließlich mit zwei Schwerverbrechern gekreuzigt. Beim letzten Abendmahl, das er mit seinen Jüngern feiert, wäscht er ihnen zum Zeichen seines tiefsten Liebesdienstes die Füße. So stellt er ein einzigartiges Vorbild des Sichhinopferns für seine Menschenbrüder vor diese hin. Und so ist denn zum zentralen Signum der christlichen Religion das Bild des *Gekreuzigten* geworden, dessen Liebestat in seinem Opfertod gipfelte. Der Liebesimpuls aber, den er damit der Menschheit einpflanzte, fand dann seine Auswirkung in der Begründung der christlichen Kirche als einer allmenschlichen Liebesgemeinschaft.

Nun unterliegt aber alles, was im Lauf der Menschheitsgeschichte an Lebensformen und Institutionen entsteht, dem Gesetz des Alterns und des Erstarrens. Und so erging es auch der christlichen Kirche beziehungsweise dem kirchlichen Christentum. Die Erlösung der Menschheit durch die

Liebestat Christi erschien ihm immer mehr, zuletzt ausschließlich und damit endgültig in ihrer Erlösung vom Fluch des Egoismus in seiner Gestalt als Hochmut und Selbstüberhebung zu liegen. Und diese Erlösung sah man, wie soeben erwähnt, gipfeln in seinem Opfertod am Kreuz.

Nun ist aber die Menschheitsentwicklung weiter fortgeschritten, und zwar in der Weise, daß die Inkarnation der Menschheit in ihrer irdischen Leiblichkeit in unserer Zeit eine vollständige wurde. Dadurch erlangte die Individualisierung, das Ichbewußtsein und das Freiheitserlebnis seinen höchsten Grad. Damit steigerte sich aber auch die Gefährdung des weiteren Fortgangs der Entwicklung zur äußersten Intensität. Zugleich änderte das Wesen des Bösen, der Egoismus, seine Erscheinungsform und Wirkungsweise. Durch die völlige Bindung an seinen Leib vergaß nämlich der Mensch die Geistherkunft und damit den Geistcharakter seines Wesens, ja er erkennt diesem heute gar keine Realität mehr zu, sondern hält es für eine bloße Wirkung seines Leibes, die mit dessen Tod erlischt. Selbstverständlich leugnet er damit auch die Existenz einer göttlich-geistigen Welt. Er wurde zum Materialisten und Atheisten. Sofern heute Menschen sich doch weiterhin als Christen bezeichnen, erblicken sie im Stifter ihrer Religion einen bloßen Menschen, der eine Liebesmoral begründete und dafür von seinen Gegnern ans Kreuz geschlagen wurde. So wurde das Bild seines Kreuzestodes nun zum Signum schlechthin seines Wirkens und Schicksals.

Im Mittelalter, das in ihm noch den Mensch gewordenen Gottessohn gesehen hatte, war neben diesem Bild auch noch das des *Auferstandenen* gestanden. Für den modernen Menschen ist dieses Bild immer mehr verblaßt, obwohl nach der Darstellung der Bibel die Auferstehung als gleichgewichtiges Ereignis, ja sogar als der eigentliche Gipfelpunkt seiner Erlösungstat angesehen werden muß. Hatte doch auch der wirkungsmächtigste aller Apostel als den eigentlichsten Quell der christlichen Verkündigung die Auferstehung bezeichnet und den Zugang zum Christentum selber durch die Erscheinung des Auferstandenen gefunden, die er vor Damaskus erlebt hatte. Aber was sollte und soll der moderne Mensch mit der Auferstehungslegende noch anfangen können, wenn er in Christus nur einen Menschen erblickt, dessen Dasein wie das jedes anderen mit seinem Tode endete? So verwandelte sich das Osterfest in unserer Zeit in ein bloßes Feiern des frühlingsgemäßen Wiederauflebens der *äußeren Natur.* Was bedeutet das aber? An die Stelle des Osterfestes als der Feier der Auferstehung Christi trat wieder jenes heidnische Fest, das einstmals in der vorchristlichen Zeit von den germanischen Stämmen im Frühling gefeiert worden war als das der wiederaufblühenden Natur und an das ja der Name des Osterfestes noch erinnert: das Fest der *Ostara,* der Göttin der Fruchtbarkeit, deren Symbole das Osterei und der Osterhase bilden. Nur war es doch nicht mehr ganz dieses Fest, da ja der moderne Mensch keine Gottnatur, das heißt keine Natur-Gottheiten mehr kennt.

Was aber den Menschen betrifft, so erzeugte der hereingebrochene Weltanschauungsmaterialismus den Glauben, er sei ein bloßes Naturwesen, genauer: die höchstentwickelte Tiergattung. Und gleichzeitig verbreitete sich die Meinung, im gesamten Tierreich herrsche, hervorgerufen durch den Nahrungstrieb, der Kampf ums Dasein, in dem die Stärkeren überleben und die Schwächeren zugrunde gehen. Das Wesen des Tieres erschien am reinsten im Raubtier. Damit sah man im Menschen ebenfalls ein Raubtier, das mit seinesgleichen, aber auch mit der ganzen übrigen Natur im Kampf um Nahrung, Behausung, Besitz und Macht liegt. Kurz: auch im Menschen bildet der Egoismus nach dieser Theorie die Haupttriebfeder seines Tuns. Aber dieser Egoismus erscheint jetzt als *Naturtrieb,* dem jeder Mensch unterworfen ist. Während die frühere Form des Egoismus den Menschen zur *Selbstüberhebung* verführte, stellt die jetzige seine *Selbsterniedrigung* dar. Früher wollte er sein wie Gott – jetzt hält er sich für ein Tier: für den nackten Affen. Das heißt: auf den einstigen *luziferischen* Sündenfall ist jetzt der *ahrimanische* gefolgt. Jener hatte den Menschen das Erwachen des Wissens um Gut und Böse verschafft, dieser bewirkt das Erlöschen dieses Wissens.

Trotz dieser materialistischen Theorie ist die Freiheit des Menschen in der Praxis aber doch weiter gereift. Darum kann er sich diesem Gekettetsein an den Leib, das heißt an die Kräfte des Todes durch einen entsprechenden *freien Entschluß* doch entreißen, aber eben nur durch einen solchen Entschluß. Und so ist dieser zu der *entscheidenden Forderung* geworden, die der Menschheit in ihrem heutigen Entwicklungsalter gestellt ist. Heute muß der Mensch durch *geistige Selbstschulung ein leibfreies Ichbewußtsein* erlangen, um in seiner Entwicklung nicht zu scheitern. Auch dafür ist die Erlösungstat des Christus geschehen. Diese ihre Bedeutung fand ihren Ausdruck darin, daß er durch seine Auferstehung den Tod überwand. Denn die Besiegung des Todes bedeutet zugleich die Verwandlung des Leibes. In

dem Maße, als der Mensch sich als Ichwesen unabhängig vom Leibe erleben kann, erfährt er in sich die todüberwindende Wandlungskraft, die von Christus ausstrahlt. Und damit geht ihm die Erkenntnis auf, wie diese darin begründet ist, daß der Christus die kosmische Ichwesenheit, der Geist der Sonne ist, der sich durch den Tod auf Golgatha mit der Erde verbunden und dadurch das menschliche Ichwesen durchdrungen hat. Und mit dieser Erkenntnis ist die weitere verbunden, daß der Christus nicht nur *vor seinem Tod,* sondern auch *nach seiner Auferstehung* seinen Jüngern noch wichtigste Lehren verkündet hat. In seinem Vortrag „Die Lehren des Auferstandenen" (Den Haag, 13. April 1922) sagt Rudolf Steiner hierüber das folgende:
„Verloren gegangen ist für die äußere Tradition nahezu alles, was man damals gewußt hat über den auferstandenen Christus, der in einem Geistleibe einzelne der auserwählten Schüler unterrichtet hat. Es wird höchstens durch die Evangelien, aber auch da in notdürftiger Weise, bei der Begegnung des Christus mit den Jüngern angedeutet, wie wichtig die Lehren waren, die der Auferstandene seinen Jüngern gegeben hat. Und schließlich ist auch von Paulus das Erlebnis bei Damaskus gemeint als eine Unterweisung, die der Auferstandene ihm gegeben hat, wodurch er aus dem Saulus ein Paulus geworden ist. Man hat eben in jenen Zeiten durchaus ein Bewußtsein davon gehabt, daß der auferstandene Christus-Jesus den Menschen ganz besondere Mysterien mitzuteilen gehabt habe. Es lag ja nur an den Menschen, daß sie diese Mitteilungen später zunächst nicht haben konnten. Sie mußten jene Seelenkräfte ausbilden, die dann zum Gebrauch der Freiheit und des Intellekts wurden. Be-

sonders stark tritt das auf seit dem 15. Jahrhundert, vorbereitet wurde es aber schon seit dem 4. Jahrhundert.
Die Frage muß nun entstehen: Welches war denn der Inhalt der Lehren, die der auferstandene Christus seinen auserwählten Schülern geben konnte? ... Klar machen konnte er ihnen das, was ich etwa in die folgenden Worte kleiden möchte: Der menschliche Leib ist nach und nach so dicht, die Todeskräfte sind in ihm so stark geworden, daß der Mensch zwar nun seinen Intellekt und seine Freiheit ausbilden kann – das kann man aber nur in einem Leben, das deutlich durch den Tod geht und in dem ausgelöscht ist während des Wachbewußtseins der Hinblick auf das Ewig-Seelische. Aber aufnehmen könnt Ihr in Eure Seele eine gewisse Weisheit: Daß sich durch das Mysterium von Golgatha etwas vollzogen hat, von dem Ihr Euch selbst erfüllen könnt, wenn Ihr Euch aufschwingen könnt zu der Einsicht, daß der Christus aus außerirdischen Sphären herunter gekommen ist zu den Erdenmenschen – daß es auf Erden etwas gibt, was nicht mit den Erdenmitteln, sondern nur mit höheren Mitteln angeschaut werden kann; wenn Ihr das Mysterium von Golgatha als Göttereignis, hereingestellt in das Erdenleben, anschauen könnt; wenn Ihr anschauen könnt, daß ein Gott durch das Mysterium von Golgatha gegangen ist... Mit diesem Mysterium ist etwas geschehen, das alle Erden-Naturgesetze zerbrochen hat. Wenn Ihr nur das in Euren Glauben aufnehmen könnt, was irdische Naturgesetze sind, so werdet Ihr den Tod zwar sehen können, aber Ihr werdet ihn niemals in seiner Bedeutung für das menschliche Leben erfassen können. Wenn Ihr Euch aber aufschwingen könnt zu der Einsicht, daß die Erde einen Sinn erst damit bekom-

men hat, daß in der Mitte ihrer Entwicklung mit dem Mysterium von Golgatha etwas Göttliches vorgegangen ist, was nicht mit irdischen Erkenntnismitteln verstanden werden kann, dann bereitet Ihr damit eine besondere Weisheitskraft."

Durch all das wird als Signum des Christentums in Zukunft zum Bilde des Gekreuzigten in neuer Art das des Auferstandenen wieder hinzukommen. Wie steht es aber mit dem Liebesimpuls, den der Christus der Erde eingepflanzt hat? Er wird dadurch auf neue Art, in neuer Form wieder erstehen. *Wie* nämlich? Mit der Befreiung des Ich von seiner Leibgebundenheit lernt der Mensch es kennen als sich *reinkarnierendes,* das in der Folge seiner Wiederverkörperungen durch die ganze Erdenentwicklung hindurchgeht. In den Mittelpunkt seiner Selbsterkenntnis tritt das Wissen von Reinkarnation und Karma. Was heißt das? Er lernt damit sein Ich kennen als Glied der Menschheit, das gemeinsam mit allen anderen Menschen das Ganze der Erdenentwicklung durchmacht. Damit ergibt sich eine neue Erkenntnis nicht nur seines Ich, sondern zugleich auch der Menschheit. Für diese schließen sich der *einzelne* und die *Gesamtheit* wieder zu einer *Einheit* zusammen. Die einzelnen können ihr Entwicklungsziel nur in Gemeinsamkeit erreichen. Sie erkennen sich als Schicksalsgenossen, als Menschenbrüder im umfassendsten Sinn des Wortes. Aus dieser Erkenntnis wird in neuer Form eine allgemeinmenschliche Liebe erblühen. Eine Zugehörigkeit zu einer Kirche ist hierfür nicht mehr nötig. Die Menschheit wird durch ihr *Wesen* in ihrer Gesamtheit und in allen ihren gesellschaftlichen Bereichen zum Bruderbund und wird

damit die Erde als ihre Wohnstätte in den Planeten der Liebe verwandeln.
Der Grundimpuls, den die Menschheit von Christus empfing, ist und bleibt die Liebe. Auf *zweifache Art* hat er sie dem Kern des Bösen, dem Egoismus gegenüber dargelebt, entsprechend den zwei Formen, in denen er erschienen ist. Gegen die Selbstüberhebung des sich vergötzenden Menschen durch seinen Kreuzesopfertod – gegen die Selbsterniedrigung des sich vertierenden Menschen durch seine Auferstehung. Beides gehört zusammen und bildet erst das Ganze seiner Erlösungstat.
Dieses Ganze hat Rudolf Steiner in der plastischen Gruppe, die an zentraler Stelle des ersten Goetheanumbaues stehen sollte, zu einem einzigen Bilde gestaltet. Wir sehen in seiner Mitte den Christus als den Repräsentanten der Menschheit zwischen dem aus der Höhe herabstürzenden Luzifer und dem in der Erdentiefe gefesselten Ahriman. Im Zeichen dieses Bildes das Osterfest feiern heißt: das Mysterium des Sohnes in seiner Spezifität und zugleich in seiner Totalität erleben.

Johanni

Die vorangehenden Betrachtungen zu den christlichen Jahresfesten seien im Folgenden durch einige Ausführungen über das Johannifest abgeschlossen.
Der Sinn des letztgenannten bietet dem Verständnis wohl die größten Schwierigkeiten. Um zu seiner Erhellung einen Beitrag zu liefern, möchte ich ausgehen von dem erwähnten Hinweis Rudolf Steiners auf die *gegenpoligen Beziehungen,* die zwischen je zweien dieser Feste bestehen: zwischen dem Weihnachts- und dem Johannifest wie auch zwischen dem Oster- und dem Michaelifest. Dieser Hinweis ergab sich daraus, daß er die *christlichen Feste erstmals mit den Jahreszeiten in vollen Zusammenhang* gebracht hat. Denn die Jahreszeiten stehen ja als solche in sogearteten Beziehungen zueinander: der Winter zum Sommer, der Frühling zum Herbste.
Die christlichen Feste bestanden zwar schon seit langem, sie waren aber bis zu Rudolf Steiner vornehmlich als solche der *Erinnerung* an die verschiedenen Stationen der Menschwerdung des Gottessohnes in Jesus Christus gefeiert worden: der Erinnerung an die Geburt, die Taufe, den Tod, die Auferstehung, die Himmelfahrt, die Herabkunft des Heiligen Geistes und die Gründung der Kirche. Als solche Erinnerungsfeste wurden sie auch in anderer Anzahl und Auswahl gefeiert. Die drei höchsten waren – wie ich schon erwähnte – Weihnachten, Ostern und Pfingsten.

Johanni und Michaeli standen zwar auch im Kalender, galten aber nicht als volle kirchliche Feiertage. Und so deckte sich das sogenannte christliche Kirchenjahr nicht mit dem Jahreslauf in seiner Ganzheit. Es erstreckte sich nur vom Advent bis zu Pfingsten, also – und zwar bezeichnenderweise – nur über das Winterhalbjahr, in welchem die Erde sich gegenüber dem außerirdischen Kosmos abschließt. Auch darin kam der diesen Festen eigene Charakter der Erinnerung an die irdisch-menschliche Erscheinung des Christus zum Ausdruck. In dieser Form gehört ja seine Erscheinung der *Geschichte* an, und dadurch ist das Christentum in seiner bisherigen Form überhaupt zur *Religion der Geschichte* geworden, im Gegensatz zu den *Naturreligionen* des Heidentums. Umfaßt doch sein Glaubensinhalt die ganze Menschheitsgeschichte von der Austreibung des Menschen aus dem Paradies bis zum Jüngsten Gericht – und hat es dann doch jene Zeitrechnung mit sich gebracht, welche die ganze Menschheitsgeschichte in die zwei spiegelbildlichen Jahresfolgen *vor* und *nach* Christus als ihrem Mittelpunkt einteilt. Die heidnischen Naturreligionen hatten sich noch nicht auf die Geschichte bezogen, entstammten sie doch überwiegend vorgeschichtlichen Zeiten. Für sie war die Erdennatur noch Gott-Natur gewesen und durch eine aus instinktivem Hellsehertum erwachsene Kosmosophie beziehungsweise Astrosophie noch wesentlich in ihrem Zusammenhang mit dem außerirdischen Geistkosmos erlebt worden. In der Zeit des Christentums galt die Erde nurmehr als der Lebensschauplatz des aus dem Paradies verstoßenen Menschen, das heißt als der Schauplatz der Menschheitsgeschichte, die aber durch Christi Erlösungstat die Möglichkeit empfangen hatte, das Heilsziel des *Gottesreiches* zu erlangen. Hinzu kam die Erinnerung daran, daß zufolge der mosaischen Genesis dem Menschen schon bei seiner Schöpfung von Gott der Auftrag erteilt worden war, sich die Erde und alle ihre Wesen *untertan* zu machen.

Durch diese zweifache Zielsetzung, die der Menschheitsgeschichte zuteil geworden war: einerseits in das Reich Gottes auszumünden, andererseits der Menschheit die Herrschaft über die Erde zu verschaffen, erlangte die Geschichte eine ständig wachsende Bedeutung. Hinsichtlich der christlichen Jahresfeste zeigte sich dies darin, daß sie, namentlich seit dem 4. Jahrhundert, immer entschiedener zu geschichtlichen Erinnerungsfeiern gestaltet wurden. Erst damals wurde ja als das Fest der Geburt Christi die Weihnachtsfeier eingeführt. In neuerer Zeit, da das Interesse an der Geschichte seinen Höhepunkt erreichte, wurde, besonders innerhalb des Protestantismus, auch in Jesus nurmehr eine geschichtliche, das heißt eine *bloß menschliche Erscheinung* gesehen: der „schlichte Mann aus Nazareth". Daraus erwuchs die Leben-Jesu-Forschung, die sich die Aufgabe stellte, aufgrund der Schriften des Neuen Testamentes eine genaue geschichtliche Biographie Jesu zu erarbeiten. Trotz größter Anstrengungen, die hierauf verwendet wurden, mußte dieser Versuch schließlich aufgegeben werden, da die betreffenden Schriften nicht zu solchem Zweck, das heißt als Quellen oder Beiträge zu einer Jesus-Biographie verfaßt worden waren. Dennoch wurde an der Auffassung Jesu als eines bloßen Menschen mehrheitlich festgehalten. Damit aber ging die christliche Religion in ihrer überkommenen Form ihrem Absterben entgegen. Denn da für diese Auffassung Jesus als

Gestalt einer bestimmten geschichtlichen Vergangenheit erschien, die mit unserer Gegenwart nichts zu tun hat, ging die Beziehung zu ihm, die im Mittelalter noch im Zentrum aller Beziehungen gestanden hatte, den Menschen unserer Zeit *verloren.* An ihre Stelle traten Beziehungen anderer Art: einerseits diejenige zur *Natur,* welche jetzt allerdings nurmehr als eine rein materielle Welt aufgefaßt wurde. In der Entwicklung der modernen Naturwissenschaft, der Technik und des Industrialismus fand diese Beziehung ihren bezeichnendsten Ausdruck. Andererseits erlangte nun durch das Erwachen zum vollen Ichbewußtsein und Freiheitserlebnis die Beziehung des Menschen zu sich *selbst* eine hauptsächlichste Bedeutung. Charakteristisch hierfür ist der Satz von Descartes, dem Begründer der neuzeitlichen Philosophie: „Ich denke, also bin ich." Im Inhalt dieses Satzes erblickte Descartes das einzige absolut gewisse Wissen, das der Mensch besitzt. Nicht weniger charakteristisch sind aber auch die seit dem 18. Jahrhundert sich wiederholenden Erklärungen der „Menschenrechte" als der Rechte auf Leben, Freiheit und Glück, die jedem Menschen in gleicher Weise von Natur aus zukommen.
Im weiteren Fortgang der neueren Zeit gingen allerdings auch diese beiden Beziehungen wieder verloren. Denn die zur Herrschaft gelangte materialistische Weltauffassung sieht ja in der Materie die einzige und ausschließliche Wirklichkeit. Sie entfremdete den modernen Menschen der Natur; er betrachtet diese nun in ihrer Ganzheit als eine bloß mineralisch-anorganische, das heißt durch bloße Physik und Chemie zu erfassende, und erblickt in ihr sozusagen eine bloße Vorratskammer der Materialien und Energien, aus

denen er seine technischen Apparaturen herstellt und die Mittel für seine physische Existenz gewinnt. Diesen Kräftevorrat hat er in neuester Zeit bis zu dessen beginnender Erschöpfung ausgebeutet und ihn zugleich durch die Art seines Verbrauchs fortschreitend verschmutzt, vergiftet, verwüstet. So ist er heute im Begriff, die Erdennatur als seine Existenzgrundlage zu zerstören. Zugleich hat er aus eben dieser materialistischen Weltanschauung heraus sich selbst zunächst den Rang eines eigenen Wesensreiches aberkannt und nurmehr den der höchstentwickelten Gattung des Tierreichs zugestanden. Heute erblickt er auch in sich selbst nurmehr eine Maschine und unterwirft ihren Betrieb immer mehr den Zwängen der von ihm herbeigeführten Technisierung seines Gesamtdaseins. Dadurch hat er sich auch seinem eigenen Wesen entfremdet und entmenschlicht heute sein Leben in solchem Maße, daß es auch von der Gefahr seiner Vernichtung durch sich selbst bedroht erscheint. Diese seine Selbstentfremdung kommt auch darin zum Ausdruck, daß die Geschichte für ihn ihren Sinn verloren hat und damit auch das Interesse an ihr weitgehend dahingeschwunden ist.

So ist die Menschheit in unserem Jahrhundert einer Dreiheit von Beziehungen verlustig gegangen: ihrer Beziehung zum *Begründer des Christentums,* ihrer Beziehung zur *Natur* und ihrer Beziehung zu *sich selbst.* Dies ist der Zustand, der die Gegenwart kennzeichnet. Er darf als die Krise der Menschheitsentwicklung schlechthin bezeichnet werden.

Kehren wir nun zum Anfang unserer Betrachtung zurück und fragen: *Wodurch* hat Rudolf Steiner in neuer Art die christlichen Jahresfeste in Beziehung gesetzt zu den Jahres-

zeiten? Dies geschah dadurch, daß er im Stifter der christlichen Religion wieder das menschgewordene göttlich-kosmische Wesen erkannte: dadurch, daß er in *Jesus* wieder den *Christus* entdeckt hat. Darum trägt der Vortragszyklus, in welchem er dem Inhalt dieser Entdeckung eine grundlegende Darstellung verlieh, den Titel „Von Jesus zu Christus". Durch diese Erkenntnis enthüllte sich ihm, daß durch das Mysterium von Golgatha der *Geist der Sonne* zum *Geiste der Erde* wurde und als solcher seitdem die jahreszeitlichen Rhythmen ihres Lebens mitvollzieht. Des weiteren enthüllte sich ihm, daß, was allgemein als Christgeburt bezeichnet und durch das Weihnachtsfest gefeiert wird, in Wahrheit lediglich die Geburt jenes *Menschen* war – zunächst sogar in einer Zweiheit von Knaben, die erst später zu einer Einheit wurden –, der zum Träger des Christusgeistes werden sollte, und daß der Eintritt des kosmischen Christusgeistes in das Erdendasein erst mit der *Taufe am Jordan* seinen vollen Anfang nahm. Und es enthüllte sich schließlich, daß durch seine Menschwerdung das kosmische Ichwesen des Christus in das irdisch-menschliche Ichwesen eingezogen ist und dieses dadurch zu kosmischem Rang erhoben hat.
Wodurch aber vermochte Rudolf Steiner all dies zu entdecken? Dadurch, daß er durch die Erkenntnismethodik der von ihm begründeten Geisteswissenschaft *im Menschen selbst den Geist zum Bewußtsein seiner selbst erweckte.* Dadurch erfaßte er zugleich auch den Geist, wie er in der außermenschlichen Natur lebt und wirkt. So entdeckte er den Geist in *dreifacher* Art und Gestalt: im *Menschen,* in der *Natur,* in der Erscheinung des *Christus-Jesus.* Und damit

hat er *alle drei* erkenntnis- und lebensmäßig in neuer Art *miteinander verbunden.*
Worin kommt die Verwandtschaft zwischen *Mensch und Natur* beziehungsweise *Erde* zum Ausdruck, wie sie sich ihm enthüllte? Beiden sind gemeinsam die Rhythmen von Wachen und Schlafen, von Sommer und Winter. Beim Menschen bedeutet der Wachzustand die Winterphase des Leibes und die Sommerphase des Geistes; der Schlafzustand dagegen die Sommerphase des Leibes und die Winterphase des Geistes. Bei der Erde stellt der Sommer den Schlafzustand derjenigen ihrer Hemisphären dar, in der er gerade herrscht; der Winter dagegen den Wachzustand jener Hemisphäre, die sich in ihm befindet. Ferner: Wie das Erdenleben des Menschen begrenzt ist durch Geburt und Tod, so verläuft auch das materielle Dasein der Erde zwischen Prozessen, die als deren Geburt und Tod bezeichnet werden können. Heute befindet sie sich bereits in ihrem Greisenalter. Schließlich: Wie das Gesamtdasein des Menschen als Ichwesen durch eine Folge von Reinkarnationen verläuft, so geht auch die Erde als Weltwesen durch eine Folge von Reinkarnationen hindurch. So wurde es von Rudolf Steiner in seinem anthroposophischen Hauptwerk „Die Geheimwissenschaft", ausgehend von der geisteswissenschaftlichen Erkenntnis des Menschenwesens, zur Darstellung gebracht. Wir wurden als gottgezeugte Wesen zu Ichwesen, das heißt zu *Menschen,* indem wir uns mit dem Weltkörper verbanden, der gleichzeitig zur *Erde* wurde.
Worin findet die Beziehung des *Christus zur Erde* ihren Ausdruck? Darin, daß er, der im einstigen „Sonnenzustand" mit ihr verbunden gewesen war, durch die Tat auf Golgatha

sich in neuer Art wieder mit ihr vereinigt hat, auf daß – wie Christian Morgenstern in einem seiner Gedichte sagt – „auch sie einst Sonne werde". Seither teilt er mit ihr das Leben, wie es in den Rhythmen ihres Wachens und Schlafens, das heißt in ihren Jahreszeiten verläuft. Darum konnten die Christusfeste zugleich zu Jahreszeitenfesten werden.

Wie steht es schließlich mit der Beziehung zwischen dem *Menschen und dem Christus?* Sie verwirklicht sich in den sieben Christusereignissen der Erdenentwicklung. Durch sie werden der Reihe nach alle Wesensglieder des Menschen von der Christuskraft durchdrungen. In dem mittleren, vierten derselben verband sich der Christus durch seine physische Verleiblichung mit dem menschlichen Ich, dem Kern des Menschenwesens.

Was ist aufgrund all dieser Tatsachen nun speziell vom Johannifest als christlichem Fest zu sagen? Da es in derjenigen Zeit des Jahres stattfindet, in welcher die Geistigkeit der Erde – und das ist ja heute der Christusgeist – sich in den Weiten des Kosmos befindet, fordert es uns am stärksten von allen Jahresfesten dazu auf, uns der göttlich-kosmischen Geistwesenheit des Christus bewußt zu werden, das heißt dessen, was Rudolf Steiner in der Erscheinung des Christus Jesus neu erkannt hat. Es wird darum für das künftige Christentum zum gleichrangigen Gegenpol des Weihnachtsfestes werden müssen. Denn das letztere – ob wir es nun als Jahreszeitenfest oder als geschichtliches Erinnerungsfest verstehen – vergegenwärtigt uns immer wieder den irdisch-menschlichen, den Jesus-Aspekt der Christuserscheinung.

Warum aber trägt das Sommerfest die Bezeichnung des

„Johannifestes"? Aus dem Grunde, weil innerhalb der geschichtlichen Menschwerdung des Christus die *beiden Johannes* (die – wie Rudolf Steiner in seiner letzten Ansprache zu Michaeli 1924 erwähnte – nach der Enthauptung des Täufers und der Auferweckung des Lazarus in gewissem Sinne eins wurden) am reinsten das Moment seiner kosmisch-göttlichen Geistwesenheit repräsentieren: Der Täufer durch die von ihm vollzogene Jordantaufe, durch welche der Christus erst in den Menschen Jesus einzog und damit sein Erdenwirken erst voll begann. Der Evangelist dadurch, daß sein Evangelium allererst mit der Taufe Jesu einsetzt, durch welche – wie er im Prolog desselben sagt – das weltschöpferische göttliche Wort, das im Anfang war, Fleisch geworden ist und unter uns gewohnt hat. Darum hat Rudolf Steiner die Darstellung seiner Christosophie in Anknüpfung an das *Johannesevangelium* in seinen zwei diesem gewidmeten Vortragszyklen begonnen. Beziehen wir also die beiden Feste auf das Geschehen der Zeitenwende, so ist deshalb Weihnachten die Feier der Geburt des Menschen, der später zum Träger des Christusgeistes wurde. Darum wird dieses Geburtsereignis repräsentiert durch die *menschliche* Trinität von Joseph, Maria und dem Jesuskind. Das Johannifest dagegen erinnert dann an die Taufe, durch die der *Sohnesgott* Mensch geworden ist. Darum erklang hierbei – zufolge dem biblischen Bericht – aus dem geöffneten Himmel die Stimme Gottvaters: „Dieser ist mein geliebter Sohn", und es schwebte in Gestalt der Taube der Heilige Geist herab, das heißt es offenbarte sich die *göttliche* Trinität von Vater, Sohn und Geist. Und aus demselben Grunde erscheint heute in der Zeit des Johannifestes, das als Erinnerungsfest auf jenes Taufereignis hindeutet, dem geöffneten Geistesauge des Sehers – wie Rudolf Steiner schildert – als Uriel-Imagination das Bild der *göttlichen* Trinität in ihrer anderen, durch diese Jahreszeit bedingten Gestalt als das des kosmischen *Geistvaters,* der irdischen *Stoffmutter* und des *Menschensohnes.* Darüber lesen wir in Rudolf Steiners Vortrag über das Johannifest vom 12. Oktober 1923 (Das Miterleben des Jahreslaufes):

„Oben, gewissermaßen beleuchtet durch die Augenkraft des Uriel, die Taube. Es ballt sich zum Bilde zusammen dasjenige, was unten silberglänzende Bläue ist, was die Erdentiefen, verbunden mit den menschlichen Untüchtigkeiten und Fehlern darstellt, es konsolidiert sich in dem Bilde der Erdenmutter, ob Sie es nun Demeter, ob sie es Maria nennen. So daß, wenn man den Blick nach unten richtet, man eigentlich nicht anders kann, als in Imaginationen alle diese Geheimnisse der Tiefen zusammenzufassen als dasjenige, was die Stoffmutter alles Daseins ist, während man in dem, was sich oben konzentriert, in der fließenden Gestalt, alles das empfindet, was der Geistvater alles Daseins um uns herum ist. Und nun schaut man als Ergebnis des Zusammenwirkens des Geistvaters mit der Stoffmutter dasjenige, was im schönsten Maße den Zusammenklang in sich trägt von Silber-Erdenwirkung und Goldes-Himmelswirkung: zwischen dem Vater und der Mutter den Sohn. So daß diese Imagination der Dreifaltigkeit auftritt, welche die eigentliche Johanni-Imagination ist. Der Hintergrund ist der schaffende, schauende, mahnende Uriel.

Dasjenige, was eigentlich darstellt die Trinität, sollte nicht einfach dogmatisch vor die Seele hingestellt werden. Dadurch erhält man den Eindruck, als ob eine solche Idee der Trinität losgelöst sei von dem kosmischen Leben und Weben. Das ist sie nicht. Es ist die Trinität zur Hochsommerzeit aus der kosmischen Wirkung heraus sich offenbarend, aus dem kosmischen Leben und Weben."

Wie aber wird in Zukunft das Johannifest als Hochsommerfest, als Fest des Naturlebens sich gestalten müssen? Auch in dieser Hinsicht wird es zu einem Gegenpol werden, zum Gegenpol nämlich dessen, was in *vorchristlichen* Zeiten die *Hochsommerfeste* waren. Auch damals gab es schon solche Feste. Denn der Mensch war damals noch mit der Erde verbunden. Freilich in anderer Art, als er es in Zukunft wieder werden muß. Er erlebte sie, vermöge eines naturhaften Hellsehens, noch als Gott-Natur, das heißt noch ganz in ihrer Beziehung zum außerirdischen Geistkosmos. Das hatte darin seinen Grund, daß er noch nicht vollständig in seinem physischen Leibe verkörpert war und deshalb noch kein vollwaches Ichbewußtsein besaß. Zu beidem war er erst auf dem Wege. Und wodurch kam er auf diesem Wege weiter? Eben durch das Feiern der Jahreszeitenfeste! Besonders der Sommer- und der Winterfeste. Durch die Sommerfeste, indem er sie mit musikalischen Betätigungen verband, leuchtete von oben her aus dem Kosmos in traumhafter Art das Erleben seines Ichwesens in ihn herein. Durch die Winterfeste erlebte er das Leiblich-Materielle, das Irdische in sich, indem er als Plastiker Stoffe knetete. Rudolf Steiner beschreibt dies in folgender Weise (Der Jahreskreislauf als Atmungsvorgang der Erde, Vortrag vom 7. April 1923):

„Durch seine eigenen Kräfte, durch das, was der Mensch in

seinem Wesen erlebte, konnte er nicht bis zum Mineralischen auf der einen Seite, zum Menschlichen auf der anderen Seite dringen. Aber es gab von den Mysterien ausgehende Einrichtungen, welche im Laufe des Jahres den Menschen, wenigstens annähernd, so etwas brachten wie das menschliche Ich-Bewußtsein einerseits und die Anschauung des allgemein Mineralischen auf der anderen Seite... So leuchtete zum Johannifest durch die Verrichtungen, die dafür veranstaltet wurden, herein das Ich-Bewußtsein eben zu dieser Hochsommerzeit. Und um das zu bewirken, wurden in den ältesten Hochsommerfesten, die dann unsere Johannifeste geworden sind, die Teilnehmer angeleitet, ein musikalisch-poetisches Element zu entfalten, voll von Gesang begleiteter, streng rhythmisch angeordneter Reigentänze. Erfüllt von musikalischen Rezitativen, die von primitiven Instrumenten begleitet wurden, waren gewisse Darstellungen und Ausführungen. Solch ein Fest war durchaus in Musikalisch-Poetisches getaucht...

Ebenso wie sorgfältig vorbereitet wurden diese Feste zur Johannizeit, damit der Kosmos zu dieser Zeit dem Menschen verbürge, daß er ein Ich hat, so wurde in derselben Weise vorbereitet das Wintersonnenwendefest, das jetzt zu unserem Weihnachtsfest geworden ist... Bei diesen alten Bewußtseinsformen war nämlich die Eigentümlichkeit – so paradox es für den heutigen Menschen klingt – das folgende: Wenn der Oktober heranrückte, so machte sich in den menschlichen Gliedern etwas geltend, was nach irgendeiner Betätigung strebte. Im Sommer mußte der Mensch sich im Bewegen seiner Glieder dem fügen, was der Acker von ihm forderte, er mußte die Hand an den Pflug legen.

Wenn die Ernte vorüber war und die Glieder ausruhten, dann regte sich in ihnen das Bedürfnis nach irgendeiner Betätigung, und dann bekamen die Glieder die Sehnsucht zu kneten. So wie zur Johannizeit ein intensiver Trieb nach Tanz, nach Musik auftauchte, so tauchte gegen die Weihnachtszeit hin ein intensiver Trieb auf, zu kneten, zu bilden aus allerlei weichen Massen, die da waren. Namentlich hatte man eine feine Empfindung für die Art und Weise, wie zum Beispiel das Wasser anfing zu gefrieren. Da gab man ganz besondere Impulse. Man stieß nach dieser oder jener Richtung. Dabei bekamen die Eisformen, die sich im Wasser bildeten, eine besondere Gestalt. Und man brachte es dahin, daß man, mit der Hand im Wasser drinnen, Formen ausführte, während einem die Hand erstarrte, so daß dann, wenn das Wasser gefroren war unter den Wellen, die man da aufwarf, das Wasser die sonderbarsten künstlerischen Formen annahm, die dann natürlich wiederum zerschmolzen. Von alledem ist ja nichts mehr geblieben im intellektualistischen Zeitalter als höchstens das Bleigießen in der Sylvesternacht... So wie also in jenen alten Mysterienzeiten vermittelt wurde das Ich-Bewußtsein von den Himmeln herein, so wurde die menschliche Gestaltempfindung vermittelt aus der Erde heraus. Der Mensch lernte zur Weihnachtszeit die Erde in ihrer plastisch-bildnerischen Kraft kennen und lernte erkennen, wie ihm die Sphärenharmonien sein Ich hereinklangen in sein Traumbewußtsein zur Johannizeit. Und so erweiterten zu besonderen Festeszeiten die alten Mysterien das Menschenwesen. Der Mensch lernte sich innerlich seinem Ich nach in der Hochsommerzeit kennen, er lernte sich äußerlich in bezug auf seine Menschenbildung erfühlen in der Tiefwinterzeit. Und so war das, was der Mensch als sein Wesen empfand, nicht allein zu erlangen dadurch, daß man einfach Mensch war, sondern dadurch, daß man mit dem Jahreslauf mitlebte – daß einem, um zum Ichbewußtsein zu kommen, die Himmel die Fenster öffneten, daß, um zum Bewußtsein der menschlichen Gestalt zu kommen, die Erde gewissermaßen ihre Geheimnisse entfaltete. Da war der Mensch eben innig verbunden mit dem Jahreslauf, so intim, daß er sich sagen mußte: Ich weiß ja von dem, was ich als Mensch bin, nur dann, wenn ich nicht stumm dahinlebe, sondern mich erheben lasse im Sommer zu den Himmeln, wenn ich mich einsenken lasse im Winter in die Erdengeheimnisse. Sie sehen daraus, daß es einmal schon so war, daß die Festeszeiten in ihren Verrichtungen als etwas aufgefaßt wurden, das zum menschlichen Leben gehört."

Nun erfuhr ja im Verlauf der Geschichte durch das Mysterium von Golgatha zunächst das *Tiefwinterfest* eine grundlegende Wandlung. In der vorchristlichen Zeit war der Christus noch als der kosmische Geist der Sonne erlebt worden, der aber seit Urweltzeiten eine Beziehung zur Erde hat. Dadurch besiegte er im Tiefwinter die Macht des Todes in der inzwischen materiell gewordenen Erde und ermöglichte dieser dadurch immer wieder, im Frühling ein neues Leben zu entfalten. Darum war ihm im alten Ägypten als dem Osiris ein Tiefwinterfest geweiht, im alten Rom das Winterfest des „Sol invictus" (der unbesiegten Sonne), das mit großem Pomp gefeiert wurde, bei den Germanen das Julfest als das des Sieges Baldurs über die Mächte des Todes.

Nach dem Eintritt des Christus in das Erdendasein wurde,

wie schon erwähnt, seit dem vierten Jahrhundert das Tiefwinterfest zum *Weihnachtsfeste* und als solches zur Erinnerungsfeier seiner Herabkunft zur Erde, seiner Menschwerdung. In dieser Bedeutung wurde es bald zum wichtigsten Fest des ganzen Jahreslaufs, besonders bei den Völkern germanischer Abkunft – ich erinnere an die mittelalterlichen Weihnachts- beziehungsweise Christgeburtsspiele oder an den erst in neuerer Zeit noch aufgekommenen Weihnachtsbaum! Hatte doch schon vor Jahrtausenden bei dem Stamme der Ingävonen der Nerthuskult geblüht mit einem Brauchtum, das eine Art von Prophetie der dereinstigen weihnächtlichen Geburt des Sonnenhelden darstellte! Wie ich schon an früherer Stelle erwähnte, vereinseitigte sich aber im Lauf der Jahrhunderte, namentlich in neuerer Zeit, die Feier der Christgeburt immer mehr zur Auffassung, es sei durch diese Geburt ein bloßer Mensch ins Dasein getreten, der später dann die christliche Religion stiftete. Und der zur Herrschaft gekommene Materialismus hat schließlich in unserem Jahrhundert die Weihnachtszeit in diejenige Zeit des Jahres verwandelt, in welcher der Umsatz im Verkaufsbetrieb der städtischen Warenhäuser die höchste Höhe erreicht.

In der Zukunft wird die Feier des Weihnachtsfestes nur dadurch wieder den Sinn bekommen können, der seiner wahren Bedeutung entspricht, daß zu ihm als sein *gleichwertiger Gegenpol* hinzugefügt wird die Feier des *Johannifestes* – jenes Festes, das unter allen Jahresfesten bisher noch am wenigsten als christliches Fest gefeiert wurde. Dies wird allerdings nur dadurch möglich werden, daß von der Menschheit die *Erkenntnis des Geistes* in jener einheitlichen

Dreiheit erlangt wird, wie sie von Rudolf Steiner begründet wurde: als Erkenntnis des Menschengeistes, des Naturgeistes und des Christusgeistes. Und darum wird das Schwergewicht der Jahreszeitenfeste überhaupt an die Johannifeier übergehen müssen.

Wie wird sich diese aber zu gestalten haben? Wie sie in vorchristlich-heidnischen Zeiten das menschliche Ich aus dem Kosmos herab in das noch traumhafte Bewußtsein hereinleuchten ließ, so wird sie in Zukunft zum Ausdruck bringen müssen die *Erhebung und zugleich Erhellung des leibgebundenen Ichbewußtseins zur leibfreien Ich-Erkenntnis.* Mit ihr wird verbunden sein ein volles Erwachen für die Geistigkeit der Natur. Für dieses hat Rudolf Steiner in einem Vortrag vom 29. März 1919 eine merkwürdige Bezeichnung gebraucht. Sie kann verständlich werden von der Tatsache her, daß durch das Christentum in seiner bisherigen Form wenigstens in der abendländischen Welt das frühere Heidentum, für das die Natur noch Gott-Natur war, ausgelöscht wurde. Worin war dieser ihr Gott-Natur-Charakter zum Ausdruck gekommen? Zum Beispiel in der Vielfalt der höheren und niederen uranischen und chthonischen Naturgötter, wie sie das heidnische Griechentum noch verehrt hatte. Das Verschwinden dieser Götterwelt hat *Friedrich Schiller* in seinem Gedicht „Die Götter Griechenlands“ in ergreifenden Versen beschrieben und zugleich betrauert.

Da ihr noch die schöne Welt regieret,
An der Freude leichtem Gängelband
Selige Geschlechter noch geführet,
Schöne Wesen aus dem Fabelland!

Ach, da euer Wonnedienst noch glänzte,
Wie ganz anders, anders war es da!
Da man deine Tempel noch bekränzte,
Venus Amathusia!

Da der Dichtung zauberische Hülle
Sich noch lieblich um die Wahrheit wand, –
Durch die Schöpfung floß da Lebensfülle,
Und was nie empfinden wird, empfand.
An der Liebe Busen sie zu drücken,
Gab man höhern Adel der Natur,
Alles wies den eingeweihten Blicken,
Alles eines Gottes Spur.

Wo jetzt nur, wie unsre Weisen sagen,
Seelenlos ein Feuerball sich dreht,
Lenkte damals seinen gold'nen Wagen
Helios in stiller Majestät.
Diese Höhen füllten Oreaden
Eine Dryas lebt' in jenem Baum,
Aus den Urnen lieblicher Najaden
Sprang der Ströme Silberschaum.

Schöne Welt, wo bist du? Kehre wieder,
Holdes Blütenalter der Natur!
Ach, nur in dem Feenland der Lieder
Lebt noch deine fabelhafte Spur.
Ausgestorben trauert das Gefilde,
Keine Gottheit zeigt sich meinem Blick,
Ach, von jenem lebenswarmen Bilde
Blieb der Schatten nur zurück.

Alle jene Blüten sind gefallen
Von des Nordes schauerlichem Wehn;
Einen zu bereichern unter allen,
Mußte diese Götterwelt vergehn.
Traurig such' ich an dem Sternenbogen,
Dich, Selene, find' ich dort nicht mehr;
Durch die Wälder ruf' ich, durch die Wogen,
Ach! sie widerhallen leer!

Unbewußt der Freuden, die sie schenket,
Nie entzückt von ihrer Herrlichkeit,
Nie gewahr des Geistes, der sie lenket,
Sel'ger nie durch meine Seligkeit,
Fühllos selbst für ihres Künstlers Ehre,
Gleich dem toten Schlag der Pendeluhr,
Dient sie knechtisch dem Gesetz der Schwere,
Die entgötterte Natur.

Schiller sehnte sich nach einer Wiedervergöttlichung der Natur. In dem erwähnten Vortrag sagt Rudolf Steiner: „Wir müssen lernen durchzudringen durch das abstrakte Anschauen der Natur zu ihrem konkreten Anschauen. Unser Christentum muß erweitert werden durch ein Sichdurchdringen mit einem *gesunden Heidentum.* Die Natur muß uns wieder etwas werden. Das ist das Eigentümliche der Menschheitsentwicklung im bisherigen fünften nachatlantischen Zeitraum, daß wir der Natur gegenüber immer gleichgültiger und gleichgültiger geworden sind. Die Menschen können sich nicht dazu aufschwingen, das Innerlich-Lebendige der Natur so zu erleben, daß sie so zu ihnen spricht, wie ein Mensch zu dem anderen spricht."

Dieses Sprechen der Natur hat Rudolf Steiner für uns in neuer Art wieder hörbar gemacht in seinen unzähligen Darstellungen der mit der Natur verbundenen Welten der Elementarwesen und der Hierarchien. Ich brauche nur an solche Zyklen zu erinnern wie den Düsseldorfer über „Die geistigen Hierarchien und ihre Widerspiegelung in der physischen Welt" oder an den Helsingforser über „Die geistigen Wesenheiten in den Himmelskörpern und Naturreichen". Durch solche Darstellungen ist das Christentum durchdrungen und erweitert worden durch ein „gesundes Heidentum". Die Erden-Natur ist wieder zur *Gott-Natur* geworden. Das Göttliche aber, das in ihr lebt und wirkt, ist jetzt der *Christus.* Dadurch können von nun an die einstigen jahreszeitlichen Naturfeste als Christusfeste beziehungsweise die bisherigen christlichen Feste als Jahreszeitenfeste gefeiert werden, und das heißt: aus bloßen Festen der Erinnerung an Vergangenes zugleich zu Feiern des Gegenwärtigen werden. Nur aus solchem Erleben heraus ist es auch möglich, die heute im Gange befindliche Zerstörung der Erdennatur auf das für deren Erhaltung notwendige Maß zu reduzieren.

Aber nicht nur die Einswerdung von Festen der Natur und der Geschichte wird auf diese Weise zustandekommen, sondern es wird durch sie zugleich eine *neue, dritte Phase* der Menschheitsentwicklung sich hinzugesellen zu den beiden, die in den bisherigen Formen des Festefeierns ihren Ausdruck fanden. Die Zeit des *vorgeschichtlichen Heidentums* mit seinen *reinen Naturfesten* war jene, in der in der Gott-

Natur das *Väterlich-Göttliche* gefeiert wurde, das der *Weltschöpfung* zugrunde liegt. Die Zeit des *bisherigen Christentums* mit seinen *geschichtlichen Erinnerungsfesten* war diejenige, in welcher durch die *Menschwerdung des Sohnes-Gottes* der Mensch erst im vollen Sinne zum Menschen, zum Ich-Wesen wurde. Mit der kommenden Zeit der Einswerdung von Natur- und Geschichtsfesten wird jenes dritte Zeitalter der *Nach- oder Übergeschichte,* der *Post- oder Metahistorie,* anbrechen, das schon *Joachim da Fiore* als das Zeitalter des *Heiligen Geistes* vorverkündigte, in welchem der Mensch durch die intelligentia spiritualis, die *spiritualisierte Intelligenz*, die *göttliche Trinität in ihrer Ganzheit* erfassen wird. Damit wird an die Stelle des geschichtlichen und in die geschichtliche Überlieferung eingegangenen Evangeliums das „evangelium aeternum", das *ewige Evangelium,* treten, durch welches der *Wandel der Zeiten* und die *Dauer der Ewigkeit* zur *Einheit* verschmolzen werden.

Abschließend darf darauf hingewiesen werden, daß mit dem Anbruch dieser neuen Epoche – wie Rudolf Steiner ebenfalls gelegentlich bemerkte – für das Johannifest das Wort des Täufers, das schon immer mit ihm verbunden war, eine neuartige Geltung erlangen wird: *„Er muß wachsen, ich aber muß abnehmen."* Denn ebenso wie das, was dem Leben der Menschheit *vor* der Zeitenwende das Gepräge gegeben hatte, *nach* ihr durch ein Neues abgelöst werden mußte, ebenso wie, was im Kreislauf des Jahres mit dem Frühling als sinnlich-natürliches Leben und Erleben sich entfaltete, mit der Sommersonnenwende in ein geistiges übergehen muß – ebenso muß in der Wendezeit, in der die menschliche Kultur sich in unserem Jahrhundert befindet, das, was in den letzten Jahrhunderten als Erfahrung, Erforschung, Eroberung der materiellen Welt sich entwickelt hat, in der Zukunft abgelöst und ergänzt werden durch ein neues Erleben, Erkennen und Ergreifen der Geistwelt. Hierfür aber kommt gerade der zeitgemäßen Feier des Johannifestes urbildlichste Bedeutung zu.